Fantasmas do Futuro
Luxo Noturno

Roberto Corrêa dos Santos

canace

2

oficina
raquel

Editores:
Raquel Menezes e Luis Maffei

Assistência Editorial:
Beatriz Helena

Revisão:
Luis Maffei

Diagramação:
Ricardo Pinto de Souza e Saulo Bulhões

CDD 869.91

Roberto Corrêa dos Santos.
Rio de Janeiro: Oficina Raquel, 2011.
ISBN 978-85-61129-28-6

1. Ensaio 2. Teoria da Literatura
3. Roberto Corrêa dos Santos

O Autor agradece ao Instituto de Artes da UERJ, ao Núcleo de Estudos da Subjetividade Contemporânea da PUC-SP e ao CNPq.

Curadoria da coleção
Raquel Menezes

Oficina Raquel
www.oficinaraquel.com

Fantasmas do Futuro
Luxo Noturno

Roberto Corrêa dos Santos

QUAL CANACE QUE À MORTE SE CONDENA,

NŨA MÃO SEMPRE A ESPADA, E NOUTRA A PENA.

OS LUSÍADAS VII, 79, 7-8

ÍNDICE

ABERTURA - 15

ESCREVER MOVE - 17

DEZANOVE RECANTOS A ELA, LUIZA - 25

ESSES APARELHOS DE ARTE - 29

E DERIVAS E HORIZONTES - 33

NAKAO E O SONHO DE DARCY - 35

PRENÚNCIO E AVISO EM OBRAS - 39

NA SALA DA MOSTRA - 43

TRÊS ARTISTAS NO PARQUE - 49

AQUELES PÓS DE GRAFITES - 53

ENTRADAS EM POEMA-ISTO-ARTE - 57

VINTE E QUATRO QUADROS DITOS - 63

UMA LITERATURA DA ILHA NO CONTINENTE - 67

OLHOS E CIVILIZAÇÕES - 79

IMAGENS ATUAÇÕES - 85

OBRAS E HOMENAGEM - 93

TERESA DE ÁVILA EM SELETA - 97

TÓPICOS ANTIGOS E MÉTODO - 101

TALVEZ TALVEZ TALVEZ - 103

STENTS EM ARTÉRIAS VERBAIS DE LUIZA - 109

O OUTRO, NEM MESMO INFERNO - 125

POSFÁCIO, por Luiz Guilherme Barbosa - 135

Fantasmas do Futuro
Luxo Noturno

Para Roberto Conduru

A beleza vermelha da lagosta vermelha só emerge quando em água fervente.

Andy Warhol

ABERTURA

[EM MODO DE POEMA O ENSAIO **FANTASMAS DO FUTURO LUXO NOTURNO** PARA A OBRA **BANDEIRA BRANCA** DE NUNO RAMOS:]

Pensamentos espiralados entre malhas a cercarem o vão dos voos. Pensamentos brutos transportando cadáveres maiores mais terríveis mais assombrosos. Pássaros escuros dizem haver carne solta em alma finda. Ossadas e texturas ocultam-se. Penas e fezes graves. O desígnio das curvas. Fogo secreto corte dobra

e. Galhos ausentes subitamente paralisados

estariam. Areias elevam-se. A arte terá tido por fim falar de outra coisa senão. A morte. Imensa leve exterior

subterrânea

aérea.

Vívida. Lá na primeira granulagem a soltar-se. Derivantes imagens silenciosas. Ordem serena. Labirinto. Descentralidade. Largos terrores dos desertos. Assustador vão compacto das solitudes. Abusos da ideia e da beleza. Inscritos divinos e míticos. Linhas. Novecentos mil pontos vezes novecentos mil pontos vezes novecentos mil vezes novecentos mil pontos areosos. Declívios formas relevos. Território dos instintos. Zonas entre. Acasos. Assistemas.

O vibrar neural sonoro. E
os três seres não mais na árvore

hipotética

nem antes nunca decorando dos holandeses o prato sobre veludo ou seda em que haveria a taça a toalha a fruta e aquela real carcaça negra e direta.

Valores plásticos na mesma sequência da sala desmontam-se. A púrpura o vinho ou a tela ao fundo na parede não. Pátinas de ouro brônzeo das naturezas mortas sim. Polimento e luminosidade secos.

Aveludados crespos das superfícies árabes. O trágico. O volume. Grandes tamanhos. Ares sem temporalidades.

Artes de matéria e sítio.

Totens. Monumentos pré-gregos.

Seres sagrados. Sinais. Avisos.
Urubus retornam ao campo dos falcões.

ESCREVER MOVE*

Os ardorosos ensaios constituintes de *Pelo colorido, para além do cinzento (a literatura e seus entornos interventivos)*, de Alberto Pucheu, convocam de imediato a se ter em mente sublinhar-se ali uma escolha e uma decisão radicais de mover-se com vista a construir, por sobre um projeto e um programa, uma obra de escrita da Crítica que tenha por norte dois grandes signos: a simpatia (o afetuoso aproximar-se do que seja da ordem do afirmativo) e a intensidade (o árduo operar, dando-se com todo o corpo).

Lidar com o calor da literatura – nome possível para diversas e firmes modelagens discursivas – , diz a arte de Alberto Pucheu, impõe conhecer o ar, pôr em movimento os músculos, abrir-se ao trabalho de tornar leitores-escritores firmes, leves, flexíveis e, portanto, senhores das articulações, dos cruzamentos, dos embates, das descosturas e das ligas, das sabedorias provenientes das idas sem temor às artes fabulosas do escrever, saltando por sobre fechamentos e fórmulas empobrecedoras, inválidas se diante de processos escripturais ricos e complexos que em enérgicos fazeres do pensamento-em-letra se conjugam, bem fora das divisões miúdas de territórios e gêneros textuais.

---

*Cuida-se do livro de ensaios crítico-filosóficos, **Pelo colorido**, para além do cinzento, de Alberto Pucheu, publicado pela Azougue Editorial, em 2007.

Brinda-se pelas páginas o ato, o ato-escrever, quando por tal atitude se unem ao pensar e ao expor, audácia, radiância, agudeza, entrega. Realiza-se, assim, nos incontáveis lugares do livro, o esplêndido vigor de uma escrita nobre a atingir as alturas – incluindo-se as que envolvem os inumeráveis níveis da terra – do clássico (trágico e épico a um só instante) e do extremo e contemporâneo modo de assinalar o raro nas coisas raras de que se aproxima e trata.

Faz-se da pulsão do interpretar (do juntar-se às obras, tocá-las, revê-las, desdobrá-las, absorver-lhes e expandir-lhes os ânimos) uma espécie nova e igualmente rara de arguto e festejante canto. Canto dirigido ao amor, ao incomensurável amor à letra, ao operar da letra e, especialmente, da letra capaz de congregar múltiplos tons, acentuando o valor do entre, do inconcluso, do indecidível, do por-fazer, do que contenha, em campos vários, matérias recolhidas de solos tantos.

Neste litoral – o da littera em teias miscigenadas – revela o livro sua habilidade impressionante em acolher e manusear, nos textos avocados, ruídos, tensões, ritmias, acompanhando os meios que permitem hibridar, mesclar, amalgamar, recompor. Logo, sinais e verbos das grandes óperas, isto é, suas sábias criações de indiscernibilidades inteiramente impossíveis de capturar em sistemas classificatórios, dicotômicos e duros.

Traçam-se, pois, as linhas, em grande cuidado feitas, do encontro entre quem está a escrever e os tantos amantes e realizadores de semelhante obra, neste banquete – o livro – reunidos para (convidados todos para a festa do indagar, do propor, do seguir em êxtase) o deliciar-se da amplitude de saberes sofisticados, *atuantes e intensivos*, conforme vocábulos a grifarem o livro inteiro.

Convocam-se palhetas nutridas de insuspeitas cores, a fim de, com elas, ressaltar o turbilhão de sentimentos por que atingidos serão os leitores quando no ambiente inigualável que a densidade deste livro cria. Inigualável tanto pela luz preciosa e inquieta que oferece, quanto pelas necessárias zonas escuras e cheias de surpresas e achados. Isto por ser, o livro ensina, próprio do poético (onde aconteça) abrigar, não apenas iluminações, mas também cegueira, ignorância saudável, dissonâncias, lugares cerrados, novas passagens a exigirem o fabrico de outras e especiais lentes.

Alberto Pucheu auxilia o leitor a lapidá-las, a refazê-las, a conquistá-las, propiciando que se alargue a percepção, oferecendo, com aquele adorável jeito de aquecer os vocábulos, leituras precisas, eruditas, únicas, repletas de nuanças, de portas e portas, de inteligências críticas, como as que se alumbram no momento em que se põe a ver nomes-obras como Machado, Guimarães, Jorge de Lima. E: Nietzsche. E: Platão. As faces monumentais dos efeitos poético-filosóficos de seus constructos plástico-verbais, sob qualquer hipótese, inclassificáveis. Chegam à letra tais nomes-obras, de modo avassalador, por meio da hábil e artística tecelagem da escrita de Alberto Pucheu.

As redes dos nomes próprios são tecidas, destecidas, retecidas. Escritas de tal amplitude não se bastam com o declarar o amor; assim, realizam o esforço persistente – algo como o do boxe – de expandir dos afetos o pulsar, as batidas, os volumes, os declives, as táticas, exprimindo e compartilhando as glórias do entusiasmo, desse estado divino que reconhece o valer e o continuar, e diz: sim – sim.

Por intermédio da alegria – a cada passo, a alegria: a nietzschiana alegria, luz máxima, no livro.

Vê-se haver vida forte nas frases sem freios, rápidas e acionadas pelos cálculos formais de Alberto Pucheu.

Nelas, sangue circulando.

Respira-se, a pele responde, outros sins às emoções constantes do ler conduzem a curvas, retornos, quedas, silêncios.

Sim ao querer e ao prosseguir: para tanto, recorre o livro a fibras corpóreas, declarando haver na escrita gestos e gestos a irem às distâncias.

E braços e braços a levarem os textos, as obras, os leitores a locais onde muito dificilmente se poderia ingressar.

Daí surgir, ao ler e ao escrever, a salgada e definitiva água do suor: o suor confirma os devires, o dedicar-se, a beleza do ter feito, do estar a compor.

Manifestam-se os compromissos da arte (qual feição tenha) com ela, a vida – a força maior. E aquele dicionário afetivo que detecta nos poemas de Caio Meira constitui também, junto a outros que formula, a graça pujante da teoria-poema--drama-filosofia-prosa que Alberto Pucheu, em ágil bailado, coreografa.

Uma prática da velocidade, inscrita nos tons, na beleza do que aparece do súbito, em relâmpagos, nos bombardeios das fixidades, nas apaixonadas sintaxes, nos estados de escritura feitos pelo tremor do toque.

Uma arte-escrita-poética-pensante põe-se a montar-se aos olhos de quem próximo, olhos também vívidos, surpresos, aprendizes.

Migra seu deixar-se imantar para quem lê, para quem segura o livro e percebe, na exata leitura dos textos de Montaigne ou de Agamben, ou nos elípticos insights sobre Emily Dickinson, Clarice Lispector, Arthur Bispo do Rosário, nesses e em mais, a presença daquilo que no livro se alastra: 'um combate corporal contra a tristeza'.

Como o Dioniso que os inspira, os escritos dançam.

Sabem os escritos do vigor do viver, performatizam-se: não recuam face ao poder do acaso – põem-se em júbilo pelo acontecimento-já, pelo acontecimento-a-vir.

Oferecem: mais e mais poros, executam, transpiram. E não se afastam dos que desejam por força de terem, por vezes, de interromper. Arrojam-se como aqueles com que lidam, os escritos dos seletos pares. Dentre eles, a presença de Nietzsche a guiar e a ser visto.

Sobre Nietzsche, longo poema forma-se. Poema sobre as faces, sobre os apelidos – dobras dos nomes próprios – de Nietzsche.

Um novo glossário de termos para pintar e colorir a fartura dos nomes, a largura das obras, as tonalidades da sedução criadora.

Ao lado de Nietzsche, o outro apelido-dobra, dobra igualmente extraordinária: Platão. Jamais, entre nós, se escreveu tão belamente sobre as amplas e apaixonantes inferições nascidas da ardente leitura do *Íon*.

Em um texto e em outro, dois poetas, Nietzsche e Platão, situam os lados de um mesmo e diferido signo. Os dois na escrita de Alberto Pucheu estão a ler-se. Vê-se a guerra vital, o par em treinos e, sobre ambos, a claridade, os raios musicantes do vigor.

No espaço privilegiado da dança, do corte, da carne e do sangue, encontra-se o livro – com seus poderosos poemas encravados no ato-ler, seus acordes discursivos, suas elipses, seu caminhar ininterrupto até pôr nas mãos o sumo dos corpos e dos sentidos: tratados ficam o próprio e o impróprio, a ventania dos existires.

Pelas folhas, deparam-se leitores com raças outras de elefantes, hipopótamos, rapsodos, filósofos, poetas, sábios, átopos, dianoias, centauros e outros e outros e outros mensageiros alegres: Manoel de Barros, Beckett e tantos mais apelidos-panejamentos dos que dominam os explosivos da paixão pelo escrever.

Que em seus ensaios se entre – não há como não. **Que neles se reconheça – não há como não – haver livros abertos dentro de livros abertos, jogos de recepções e de entendimentos. Vida corporal acionando.**

DEZANOVE RECANTOS A ELA, LUIZA*

Uma, entre as mais do que belas obras da lusa escritora Luiza Neto Jorge – *Dezanove recantos* –, e vários admiráveis poemas seus foram recolhidos por intérpretes refinados, Jorge Fernandes da Silveira e Mauricio Matos, e encontram-se no Brasil.

Os *recantos* completos, conforme apresenta Jorge Fernandes, fazem ressoar o passado poético da mais nobre escritura portuguesa, retomando os cantos camonianos, revertendo-os e infiltrando-lhes plena luxúria verbal e erótica.

Os outros poemas que se articulam aos *recantos*, destacados em seleta de outros livros igualmente raros de Luiza, ativam quem os toca: preparam para o contato com o corpo ágil e mágico da língua – vocábulos e sentenças de ardência e fúria, feitos de exatas lâminas, atingindo leitores diretamente; não se conhece na lírica de língua portuguesa nada que se assemelhe ao que Luiza traz.

Para Luiza, quer-se não elaborar uma escrita imediata e razoável de um modo de sentir e perceber, mas a letra. Letra que leve até a mão aquilo que se passa no rio do pensamento, lá desaguando volumes de afetos e frases, libertos de elos fáceis, cruzados por sons superpostos, provindos de instrumentos

*Cuida-se do livro **Luiza Jorge Neto: 19 recantos e outros poemas** – em que Jorge Fernandes da Silveira e Mauricio Matos selecionam e apresentam da poetisa portuguesa vários de seus textos poéticos –, publicado pela Editora 7Letras, em 2008.

quase sempre antes incompatíveis; rudeza e engenho no embate de temas, ideias, estruturas a conduzirem à sensação de êxtase, hipnose, bloqueio e sempre aquele conforto que nasce de surtos e traumas afirmativos.

E, logo, riso: que se abre por intermédio de uma radical esquizografia: atitude existencial e artística e alegre e trágica, existindo semelhante só mesmo em operações de arte do Bispo do Rosário.

Fazem-se polípticos de frases que se permitem deslocar: e o verso torna-se por si poema.

Pode-se, portanto, ler Luiza em cortes, remontando sequências, dedicando-se a um trecho, a uma palavra; pode-se também se deixar ir – em ribanceira, em queda ou enlevo orgíacos – dessitiado por todo o poema.

Tenta-se agarrar o livro: outro e único nesta edição admirável.

Jorge Fernandes e Mauricio Matos arquitetaram o livro com delicado fervor. Luiza – diga-se – vem ao Rio, há anos e anos, por meio dos estudos publicados, aulas e conferências que, com a mesma acuidade e brilho, desde os anos 70, Jorge Fernandes da Silveira expõe com a grandeza de quem descobre e doa.

No livro de agora, o rosto sóbrio de Luiza e, dela, estas imagens frasais de vida e força:

'e a esta terra imóvel / onde já a minha sombra / é um traço de alarme';'ou apodrece o poema / ou se ateia';'o feto talvez / desfez a placenta / para dormir em paz'.

Poemas com engates de poemas, daí poder-se vê-los, como em artes plásticas – por escolhas de detalhes, focando-os assim:

'Acontece então / um homem sentir / a água escorrer / dentro do pescoço / e fazer-lhe um nó / como de gravata / que lhe cai bem / nesse fato inútil / vestido à pressa / para ler o jornal / para matar a fêmea / que o recusou'.

Luiza Neto Jorge, com seus sinais de tintas e linhas – salivas e suores –, guia a palavra a campos de risco, de entusiasmo e desejo, de quente percepção – cursos ofertados a quem almeja arte sem tréguas.

Em todo lugar, bravura e alucinada lucidez.

Luiza, em uma das dobragens suas, afirma:

'o poema / é um duelo agudíssimo / quero eu dizer um dedo / agudíssimo claro / apontado ao coração do homem'.

O que se diga sobre a arte *X* valha para toda arte que assim o for: objeto programado para que se reconheça aos poucos seu vasto campo de operações (via de regra – em virtude da concentração e da inteligência requeridas – subutilizadas). Pelas dificuldades inerentes, costuma trazer consigo o objeto um menos ou mais explícito (e correlato) manual de instruções de uso, singularíssimo. Por um lado, destina-se a deixar-se livre aos sentidos diferentes dos imediatos, dizendo ok à brincadeira e aos processos intuídos. Ensina a agir com a perícia necessária e indispensável que envolve articular o geral e o detalhe, em busca de um mais qualificado rendimento técnico da recepção: o obtido pelo fino intercâmbio entre a natureza de cada objeto e a natureza de cada operador. Sintonia ou embate podem também estender a compreensão, mesmo quando esta ocorra de modo mais acentuadamente corporal. Lançar-se – com o tempo, a prática, a reflexão, o confronto e senso de aventura e a de observância das próprias afecções – à agilidade e ao desprendimento. Ao ligar-se objeto-arte reescreve-se, em outra linguagem (ou programa), grande parte do sistema de suas possibilidades e de suas regras. Tarefa a ir-se constituindo com ele e o fato, e a inocência e a crueza. Que não se tema acionar: o objeto exige, ao entrar em funcionamento, que se testem suas capacidades, que se verifiquem suas conexões – para, de espaço em espaço, dele mesmo retirar seus componentes enfraquecedores, substituindo-se placas, memórias, chips (alcançar assim o que teria parecido ser o limite); conduzi-lo para locais de maior plugagem recepcional e de maior contaminação orgânica, sempre ligando-o a outros e outros objetos, mais e mais excelsos, ou seja, os provenientes das altas subjetividades. Estar na semelhança das estruturas e principalmente na conformidade dos sentimentos aferidos – este é o campo: justo acerto entre aquilo que se passa no terreno da racionalidade da sensação e as peças capazes de estabelecer as correspondências – latas e restritas. Conjugar a contrapartida, normalmente explosiva: o desgaste decorrente da guerra entre impulso e matéria, iniciadas as ações. Objetos realizam também serviços simples: costumam comportar um conjunto de mensagens pré-gravadas: são ressonâncias de objetos outros, novas e antigas, e sempre presentes e a acompanhá-los. Em situação de embaraço ou pesquisa, pode-se recorrer, para o estudo, a modelos conservadores, a imagens arcaicas, a temas contínuos, a aspectos quase a-históricos, a seus arsenais 'imóveis', consoladores, muitas vezes a-conscientes. Útil reconhecer lembranças e ecos em objetos. Sustentam-se assim, por vezes: por meio de lugares-comuns irrecusáveis. Desse modo não apenas se nutrem a si mesmos, como tentam garantir sua participação na vida ampla e coletiva: carecem da memória oculta do operante-

-público. Em objetos há memórias das energias provindas das formulações de base. Objetos compõem-se de ares de amplidão e de provas de constrangimentos. Daí as grandes e as diminutas respostas, as grandes e as diminutas aprendizagens. Sabendo haver, ao lado das mensagens tópicas e arqueológicas (as constantes das culturas de que provêm e as com que se relacionam diretamente), as sinalizações específicas, aquelas dedicadas aos que tenham variadas senhas: ou contem com o acaso e o poder dos distúrbios. A constância do uso do objeto exigirá que se encontre nele o dicionário previsto e aquele outro: virtual. Teclando-o, conjugando-o, as línguas de que ele dispõe expandem-se, e, a tal ponto que: haverá o momento de não se identificar seu norte (direções e porquês), principalmente se se retiraram, para vê-lo, o saber acumulado e o habitual estado de adequação. Objetos carecem do emprego de uma poderosa pragmática – a dos sentidos. Há aqueles que obtêm circuito por intermédio da imobilidade gerada pelo claustro e pela retenção. Outros, por explicitarem sua vontade nômade e gregária, saindo da casa, indo à rua. Não importando, contudo, em um caso ou em outro, o fato de que se encontrem quase sempre sob o risco – por opção ou por inevitabilidade (e assim é) – de (como objetos que são): sofrerem enormes danos. Morrerem. E a morte não é problema deles: está neles. Vejam os objetos mortos: mas que despertam à noite! Arte ganha quando explode ou arde. Ou se recusa. Ou cede – por destemor. E quando dispensa a matéria, vira projeto, cálculo no tornado. **Dela recolherá alguém partes, como peças a acoplar a outras partes e a outras peças de outros, outros, outros.** Reatualiza-te. **Larga, a arte diz, larga a função de.** Voa.

E DERIVAS E HORIZONTES*

Em inventários de imagens (e seus abrigos aquáticos), inscrevem-se lembranças e rastros precisos, e assim mesmo curvos, ao modo do que, em vidas, permanece das músicas.

Dentre as lembranças e os rastros expressos nos terrenos e componentes capturados para mais livres serem, sobrelevam-se os movimentos de um certo corpo, de um corpo ágil, o da artista Lucia Vignoli, que, com elegância, caminha sobre o solo: areias, areias, areias – calçadas. Registram-se seu andar e as coisas sob.

As máquinas, de fotografar e de filmar, são próteses naturais desse corpo (carne, osso, sopro, ritmo, prazer, esmero), desse corpo em trânsito, seguindo derivas, variações de marcha, mudanças, deslocamentos de continentes.

E tudo inscrito no mínimo, no mínimo de um objeto plástico.

Colhe-se o *já* das coisas, seu *there are*: sempre das coisas que desfazem as fronteiras entre humano e inumano, natureza e cultura, registro e invento.

Ocorre a afetiva e lírica pesquisa-caça da linha, das linhas – das linhas a formarem horizontalidades várias, incontornáveis em sua umedecida exuberância de seres e mundos.

---

*Apresentação da obra artístico-visual de Lucia Vignoli, exposta no SESC Nova Friburgo do Rio de Janeiro, em 2010.

Cada elemento constituinte desses retângulos de luz retida em fotos, de algum modo projetados, funciona como se vocábulos de um glossário que é próprio da terra esta: ali se está e não se está a um só instante, no Brasil.

Está-se: na política de suas cores, na política de uma apessoal subjetividade única, na política sonora e plástica de seus entes, na política articulante de corpos: na clareza do mar ou na urbana noite coletiva.

Não se está: os trabalhos expostos assinalam afirmativamente o ato de mapeamento, em virtude do amor aos arquivos e acervos, e produzem um salto por sobre o local.

Conduz o olho para o que há de filosófico e contemporâneo no fulgor do espaço. **Do espaço, quando posto para além, bem para além, da confiança clássica e moderna na existência do tempo e na história dele nutrida.**

NAKAO E O SONHO DE DARCY*

Como se adentra alguém no sonho de alguém deve ter sido o que sonhara Jun Nakao ao conceber a obra *O sonho de Darcy*, Darcy Ribeiro.

No sonho de Darcy, o sonho de Nakao; no de Nakao, o de Darcy.

Sonhos de plurais sonhadores afirmativos.

Dois sonhadores capazes de transpor os sonhos às vidas públicas.

Sonhos macios, matéricos, aéreos.

Sonhos sonoros, levitantes.

Sonhos concretos de pertença estética, afetiva e política.

Em amálgamas de sonhos dos dois (o sonho de um sonho de um sonho de um sonho, Shaskespeare), fluxos de arrebatamentos intensivos em obras a construírem nos lugares – o aqui, o bem junto, em territórios desmarcardos de fronteiras e igualmente sonhados e existentes: MAM, Aterro, Brasil.

Nesses campos de ardor já fortes em sinais de arte e vivência – novas zonas ovais, espargidas, espécies de concretudes

---

*Apresentação da obra artístico-visual de Jum Nakao, exposta no Pátio Externo do Museu de Arte Moderna do Rio de Janeiro, em 2011.

dos aparelhos da mente quando seu vigiar cede: e oferece-se à leveza, ao sopro, aos ventos internos, como se de ar hélio fossem tomados os pensamentos, os quereres, os projetos.

Mas como se deve tocar o sonho de alguém quando aquele se encontra no coração pulsante de outro?

Como? Movendo-se talvez sobre. [Do pé fez-se o Ocidente (Édipo e seus enigmas, o pé em falhas) com suas fantasias quanto a desejos e pulsões].

Pulsões movem, movem-se – e retornam em sonhos, em riquezas dos sonhos: que se elevam em nove mil infláveis erguendo o verbo do Brasil: palavras, traços e impulsos tantos das transparentes redes linguísticas de que se compõe (e com que compõe atos e obras) *O povo brasileiro*, o povo este e sua língua como criação diária e coletiva de acolhedoras proximidades de existências: solo de atração e de estímulo para que energias, sentidos e potências multiformes se encontrem: polinarrativas: claro terreno em que se pode deixar o pé – o corpo – e seguir: bailar, sonhar.

A Homenagem de Jun Nakao, como procedimento de arte, consiste em natureza discursiva e artística que emerge de estratégias discretas e eloquentes, para assim instalar em site specific elementos escultóricos provindos do soberano gesto ético da deferência e da admiração.

Jun Nakao e sua Obra-Homenagem: uma homenagem à

língua e a seus muitos utentes-criadores.

Homenagem aos que sonham por meio da língua e aos que sonham com ela, multiplicando-a.

Homenagem a sonhadores que distribuem – Darcy, Nakao – **sonhos em sentenças plásticas, expostas à área do saudável fora em que o outro e o outro e o outro se entrelaçam em expressos afetos abertos.**

PRENÚNCIO E AVISO EM OBRAS*

Feituras de entes proliferantes – que se desdobram. Certa maciez imponente e crua. Indiferença atenta. Em assombro encantatório, deixam-se à vista entes de arte e magia.

Algo neles declara para que não sejam tocados.

Indicam a cerimônia necessária: o preparo de espírito, a sapiência a atingir o ritmo certo.

Ao surgirem, trazem em seus materiais plásticos, memórias – inclusive as de sonhos e de pesadelos.

Ao vê-los: o impacto por ter havido o encontro – e é o que acontece – da explosiva capacidade de imaginar com a inteligência veloz, por dom guiado, das mãos que os coseram. Tudo como se o feito ocorresse por imperiosos comandos de um instinto, em sentido particularíssimo, religioso. Embora fora de qualquer campo convencionalmente instituído para designar trabalhos do âmbito do ardor sacro, tal ali se produz.

Provindos de (e expressando-o) um estado corporal-afetivo – em calma intensa –, os entes relatam o trajeto de um susto iluminado: uma luz no fosco dos tecidos, das linhas e das coseduras, havendo, em alguns, o leve brilho dos pequenos

---

*Apresentação da obra artístico-visual de Cadu Cruz, exposta no Largo das Artes no Rio de Janeiro, em 2006.

arranjos de cabelo humano.

Dialogam com imaginários culturais, religiosos e artísticos, que o senso de vida secreta – vocês todos o possuem – será capaz de reconhecer.

Porém os entes, eles, escapam de rastreamentos: são sérios. Únicos, até quando conduzidos para topografias de convivência como as exposições.

Mesmo no teatro-altar em que se instalaram mantiveram-se os entes junto ao terreno, ao piso.

E não ultrapassaram em sua grandeza intrínseca o corte do ventre.

Há deuses em todos os órgãos do corpo. Entes são obras – obras de arte, o que significa dizer: atingem quem deles se aproxime em direto e erótico golpe.

Valem-se de sua massa corpórea discretamente áspera.

Valem-se das sacralidades artísticas irrecusáveis, comunicando-se pela língua dos avisos.

Receberam o nome – provisório – de: *Perigosos*.

Falam, caso se possa dizer assim, do perigo – do mesmo perigo a que se referem escritos (entes são grafias) de literaturas de toda ordem: o perigo de existir, de expor, levar à face aquilo-que-existe: o que em silêncio ativo não cessa de mover.

Aquilo tange, agudiza, chama.

Na suposta imobilidade, aquilo salta.

Efetua aquilo o susto – alguém neste instante teme ficar retido por um fazer, pelo perigo do fazer.

Logo pelo fazer, que – sendo ato – tende a ser cura: pois contém ar, prece, rito.

Que se mirem estes encantatórios com a força que impõem.

Com semelhante reverência que suas formas e aformas contêm, caminhe-se para.

Com os pés bem em apoio e o pensamento em giro, siga.

Aquilo diz: existir separado e próximo.

Irradiando sem temor, por constituir-se o perigo em um dos capítulos do livro do estar, do poder estar: aquilo, os entes: *Unheimlich* – [utilizaram-se deste termo os que cuidam dos sentimentos, referindo-se ao co-habitar, de maneira indissociável, do estranho íntimo].

Próximos demais, pertencentes à família das coisas próprias e, por isso, bem por isso, mais e mais estrangeiras: naturais, sobrenaturais.

Diante de – de o bom pânico – lapidam as obras de Cadu Cruz a existência. **Nos pontos dos diagramas da vida: Unheimlich – em tal inquietante e rica estranheza: entes trepidam.**

NA SALA DA MOSTRA*

Pertence-se à exposição, quem entra expõe-se: está sendo fotografado pela caixa negra e quadrada bem ali na parede frontal: poderá vir a ser retido (registro, foco, tenda, arquivo captam): estaria provavelmente logo depois nos acrílicos a protegerem sua suposta figura, dispostos em sequência, na moldagem de slides fixos em estado anterior ao que a luz é capaz de fazer lançando-o adiante.

Faz parte – quem entra – de um experimento amplo, mínimo, simples: exercita o retroceder aos recursos primários formadores de imagens, recursos capazes de prolongar o tempo-sensualizante da fotografia, recursos antigos e delicados a ponto de não rirem, senão de modo suave, da pressa por vezes juvenil das digitalidades.

Aquele, aquele movimenta-se – estando a olhar ou não: é visto.

Não precisa temer, tudo tende e não tende a operar-se, porém algo acontecerá: o acontecimento não recusa a falha, acolhe o não-ocorrido, ama a ausência.

Está aquele frente às leis da possibilidade, bem face ao acaso – olha como a máquina e a artista Ana Angélica lidam com

---

*Apresentação das obras artístico-visuais de Ana Angélica, Bianca Bernardo, Cristina Ribas e Rebeca Rasel, expostas na Galeria de Arte do Instituto de Artes da Universidade Estadual do Rio de Janeiro, em 2011.

o precário, com aquilo que esgarça e se move até os limites do desaparecimento

Encontra-se perante essa captura do contingente e da finitude: sabe em algum lugar do corpo não ser fácil abdicar: deixar seguir e, por isso, seja o que for, dizem as obras aqui (as quatro, as cinco, segundo as maneiras particulares de construir plasticamente a força irrecusável do obsedante): recolhemos, recolheremos (recolher, eis o verbo).

Não se importe de início com a sabedoria existencial da *Pinhole*, a caixa do fotográfico, a escura caixa de um olho-furo, a perscrutar, estendendo para o fora seu dentro – caminhe (talvez para livrar-se de si como objeto) até à esquerda, reconhecendo que quem entra não sabe jamais por onde se entra.

Novamente terá aquele de ir no sentido das partes e dos fragmentos.

Conhecerá os livros, com suas sequências estendidas de frases, períodos, parágrafos, mas agora já não é mais esse confortável gozo: vê outra arte de ler, mínima também – a de ir aos espostejamentos de frases, livres vocábulos, palavras com carne em seu isolamento e corte.

Mira a seleta miúda, a escolha, o sutilíssimo êxtase do vídeo sobre o papel posto à luz, texturas, volumes de grafias, o silêncio da cor, o clamar do sensível – e não se sabe quem escreveu, embora um quem haja escrito.

Percebe haver reescritos, e o precário retorna e tem vida, não apenas graças à câmera de vídeo mas também ao desejo – aproxima-se aquele que entra da inteligência sensorial de Rebeca Rasel.

Não sabe o quanto de Rebeca aí está: não entende o esforço pelo pouco –não, não entende, mas, bem, já sentiu esse estado em que o esforço se disfarça no pouco, em que o ato se desprende da potência.

O que surge parece escasso, entretanto em qualquer sítio dos corpos algo rui.

Testemunha aquele quem o desorganizar-se nesse exato instante – sim, sim, era muito o quase-nada agido – sequer se suspeita que, no centro da sala, bem frágil película construiu-se com a pele, não se poderia imaginar que a cola branca envolveria a carne vicejante da artista Bianca Bernardo, recobrindo-a nos segundos longos da secagem, e faria parte dela como mais uma das várias peles que se tem (multidermes todos!, prova-se, executa-se).

Depara-se com a casa-tenda-pele, montada com os tecidos retirados um a um e reunidos em largo abrigo (na medida da mulher que o elaborou, de pé, deitada), por meio da saliva própria (umidades, secreções, ressecamentos, desmanches próximos, o desfazer-se outra vez, secar, secar, ir desaparecendo como as fotos, aquelas de Ana Angélica, como os vídeos, aqueles de Rebeca Rasel).

Entretanto – quem, aquele-quem não se importa com a arte contemporânea, contudo não sabe como fugir do viver, pelo menos agora, talvez.

Em um dos cernes do viver, quem está na sala assim se sente: peças de forma e pulsão (aceita-se, desdenha-se, gargalha-se ou se vira a face ou) – faça o que fizer, intuirá o ininterrupto labor daquilo que plasticamente se compõe, se decompõe: em obras – política, vontade de intervir, gesto.

Toca e respira: quando ante a compósita mesa de Cristina Ribas; identifica os utensílios imprescindíveis para, por curtas horas que sejam, guardar, preservar, sustentar, nutrir – e saúda a necessidade do operar diretamente, intervindo, exercendo a obragem pública e urgente dos arquivos, do fazer e refazer, fazer, fazer, refazer, construir, multiplicar – junta-se a uma das várias dobras de Cristina Ribas, a Arquivista – ; e quem produz é avocado a criar também sistemas para resistir, dialogando com artistas muitos, preservando até mesmo o insólito, dando-se ao suor dos catálogos, dos mapas das coisas expressas e a expressarem-se, assinalando na arte seu parentesco com o operoso, o movimento incansável, a justiça da pausa.

As quatro, as cinco, quem e quantos mais cuidam de memórias, de fibras de esquecimentos.

As artistas estão em trabalho, qualificam-se, mexem em temas do tempo, reconhecem os espaços; admiráveis são quanto à ternura que exigem as emergências – quem se assusta com o que rompe? Quem fragmenta? **O quem-inventado cola com cuspe o que partiu? Quem arruma, desarruma, distribui? Quem já não se importa com o estar inscrito nas coisas de arte vital?**

TRÊS ARTISTAS NO PARQUE*

Propostas artísticas emergem do terreno da especulação teórica, crítica e histórica que se realiza nos ambientes pensantes construídos por instituições de saber dedicadas a pesquisas de ponta em arte. Incisivas assinaturas, reaproximadas, expressam o afim político e mental no trato dos materiais – em usos e escolhas –, dos pensamentos e das necessidades: dizem, em trabalhos, das exigências de um denso e polido construir: obras contemporâneas, tanto em sentido forte e etimológico quanto em virtude das marcas postas nos feitos que indicam parentescos de estados e buscas, nas formas de atuar por sobre as espacialidades, tendo em conta as aventuras reflexivas e os recuos estratégicos contra as perdas que possam impor as presentes tecnologias das velocidades, quando por meta procuram exaurir as potências criadoras, enfraquecer o afirmativo espírito de vida. Obras contemporâneas por infiltrarem-se no já, cavando-o: impregnando-o de vestígios de distintos sítios.

Em fotografias de Cristiana Nogueira, o diálogo com a cidade que cede, marcando as passagens que ali se manifestam em misto de bruteza e magia, conforme as texturas provenientes do – evitável, talvez; inevitável, talvez – término das coisas.

---

*Apresentação da obra artístico-visual de Cristiana Nogueira, Lucenne Cruz e Nena Balthar, exposta na Galeria da Escola de Artes Visuais do Parque Lage (EAV) do Rio de Janeiro, em 2011.

Por imagens, pensa Cristiana no belo quase natural do mundo pela cultura produzido, a oferecer-se por força do ora lento ora acelerado estar-passando, de aquilo estar-passando, de alguém estar-passando: os passantes, a artista, a câmera, o olho, o externo. Acompanha-se, nas obras diretamente retidas, a pátina do abandono, do descuido e dos valores pequenos, de sua violência secreta, como se se respirasse, sob luz vária mas intensa, o quase invisível pó pictórico de resistência dos monumentos-à-morte, que, contudo, se impõem.

No livro-de-artista de Lucenne Cruz, também os espaços – seus modos de fluírem, de cruzarem-se, suas deslocalizações; uma peça-livro a conter e a contar percursos, exames da conceptualidade em arte, minúcias e sutilezas da ideia atuante: escritas de e-cartas, retiradas do aceleramento virtual de envios, dirigidas a seres queridos e próximos, tematizando assim a distância, suplantável quando em ternura amorosa; isso, por intermédio da reflexão e do sentir, valendo-se da máquina manual de escrever.

Redige Lucenne a obra por toque; o silêncio dos toques imprimem em papel precioso e moldável, com teclas sem tinta, letras e sentenças. Sob o papel, tecido transparente e leve (gaze), e, sobre este, carbono.

Folhas de gazes soltas a tingirem-se de anil: partem as cartas com sinais esculpidos por força das teclas, dirigem-se para o mundo, para galerias de arte em lugares tantos do mundo:

querem pousar, e conversar.

Em desenhos [instalação, vídeo, objetos] de Nena Balthar, o movimento amigável e crítico dirigido ao usufruir do tempo, alongando-o, criando demoras, expandindo o fazer da arte em multiplicidades de constructos, de espaços, de planos: um clamor para que o estar – o bom-estar – se prolongue.

Usa Nena o corpo, em performance-dança projetada na parede, repetindo o incansável desenhar, a enérgica e apaixonada luta com a parede (sua tela, sua página, sua parte do prédio – a que não tombará, a que se conserva pela inscrição gráfica, pelo pó: o pó do grafite, e a firmeza do pulso). Cria-se uma espécie de manifesto de amor, público e íntimo; amor por todos os passos e por todos os elementos do operar. Incluem-se, no seio da escritura da arte, os gestos de recolha das sobras, de revelar os riscos, de apresentar os materiais auxiliares: as fitas, os desenhos nelas fixados, o conjunto de papéis relativos aos ensaios, em tiras, protegidos em imaginária e curva ordem – em cada recorte e em cada linha, o expandir-se.

A casa do Parque Lage abriga três Artistas vindas do Instituto de Artes da UERJ. **As obras e elas e a casa e o parque e o bosque e o lago e o dentro e o fora e a visita e o habitante: em clara hospitalidade, em rigoroso convívio – mostras do provisoriamente concluído.**

AQUELES PÓS DE GRAFITES *

Nas caixas: sinais de um quando, de um polvilhar, de um inesperado sopro. Um sopro que, mesmo insinuando-se perigoso, sabe não poder, nem sob a forma de ciclone, eliminar a força inscrita em uma arte que se dedica ao vigor da ativa e esfumada matéria de que se faz o exato quase-tempo-esboço-arqueológico, existente e vivo no após – no radical acontecimento proveniente do rapto do depois do acontecimento.

Obras de Nena Balthar a registrarem este bem extático instante da posterioridade, momento em que, somente aí, os sentidos anteriores se instalam e se concentram, como se cumprindo um imperativo de revelação, de serena revelação, gravada no que ficou dos rastros do ocorrido, das marcas do trabalho prévio em metamorfose refeito. Hora em que todo o ritualístico preparar das coisas e dos gestos acolhe o plástico silêncio, um certo neutro, um estado de puríssimo repouso. Partes do corpo próprio e, de imediato, imagens de corpos outros, indicando o fora e o dentro simultâneos, bem como os cruzamentos entre o nítido e o difuso.

Nas caixas: os antigos papel e grafite brilham no pleno vazio de um ainda há, de um dizer sobre o quanto e o muito daqueles atos que permanecem em virtude do singular resistir de um

*Apresentação da obra artístico-visual de Nena Balthar, exposta no Espaço FURNAS Cultural do Rio de Janeiro, em 2008.

houve e de um esteve.

Operações de arte foram investidas para conceber tal absência e assim atingir a atualidade do havido.

Construiu-se a cena de uma absência cheia, irremediável e só provisoriamente cercada.

O ter-sido pode deslocar-se, mas não pode, sob qualquer estratégia ou hipótese, evaporar. Faz parte de sua estrutura e de sua índole seguir, recortar, criar sulcos, transfigurar-se. Coube, portanto, fazer-lhe – conceptualizar-lhe – o desenho, deixando por si modelarem-se seus possíveis, seus destinos, valendo-se do princípio de dissolução da linha, livre a mover-se, tanto para dispor discretos volumes, quanto para distender matizes.

Os desenhos de Nena Balthar fazem com que os diversos antes se conduzam para o já e, nele, venham a ser repostos, reeditados, reescritos: põem o visitante frente a vocábulos e frases que desgastes de minérios sobre folhas espalham.

Neste ofício, natural e humano, como em todo rito, é pulsional o gesto de recolher sobras, de guardá-las respeitosamente, de esperar, como se distraídos todos, a hora de reativar naqueles diminutos materiais restantes – sua ardência sagrada, a tarefa de religar.

Do bastão de grafite, em atrito afetuoso e bélico contra a

parede, acionado pelos tantos motores dos corpos, deixam-se escapar pouco a pouco moléculas da carne de Nena Balthar a traduzir-se em pó, solto nos sete mil vezes sete mil vezes treze mil, e assim por diante, pontos: pontos já não mais a serviço do definido traço que, ao disseminar-se, ressurge em outras espécies de ritmos e curvas – e de nuvens.

De nuvens: um dos suaves temas constantes das histórias da arte; nuvens e sombras, embora leves e sem anúncios de tempestades, a assinalarem atmosferas propícias, convites para descansar [por haver trabalho e obra, sua coreografia explícita e tácita], adormecer, estar em calma: **oferendas justas, tendo-se feito e como se fez o que era para ser feito: o melhor em arte acolhe, contém, expressa e distribui a sabedoria do irrecusável e do retorno.**

(Talvez) **poemas-isto-arte:** fazem-se de compostos, de substâncias, de medidas por vezes mínimas, por vezes longas, por vezes vastas, médias também: o poema e seus químicos estados.

Porções, tamanhos e sentidos, formas de respirar, velocidade, síntese, alargamento, fôlego – trajetos afetivos em espaços seus e exatos, ou, assim não sendo, quebram-se, quebram-se os poemas, uma película, um acontecer em e fora de laboratórios.

Muito bons podem ser por se quebrarem – nem sempre. Vários quebram quem os mire: poema-imagem-alma de Glauber Rocha: aparelho árduo, disposto para o alto e para o grito.

Volumes agudos dentro da caixa – uma caixa-maior, belamente ruidosa. Mais do que a de Robert Morris, que igualmente soube cantar o poder dos atos e dos desejos expandidos.

Ensinam perturbadoramente a agir com, vinda de onde não se sabe logo, a perícia necessária: indispensável para que se articule o geral e o detalhe, aproximando qualificados rendimentos técnicos, por toque, leitura, engate obtidos do intercâmbio estabelecido entre a natureza do aparelho, um a um, e a natureza do operador, aquele – o que o encontrou.

Acordo ou luta ampliam o entender, mesmo quando tal ocorra por força de ordens acentuadamente impostas pelo corpo, portanto, carne (massa e fios nervosos).

O poema-em-carne de Artur Barrio: uma geométrica alcatra, bife a bife – livres e presos, pois não entregues como folhas soltas: livro graças à lombada e à escrita a haver no tecido, boi, vaca, cordeiro etc. Em um naco, todo o programa, d/n/a/, receitas de, (in)factíveis. Na matéria do poema, o sacrifício, Deus, Deus, Deus, as religiões, a morte – o renascer em forma, pacote e mancha.

(Talvez) **poemas-isto-arte:** exigem a prática, o refletir, o deixar-se; confrontos, arte, aventura – dobragens dos simplicíssimos mecanismos encontráveis no pasto; um animal a rir e a afirmar o crescer (e o amor).

Poemas de observância das próprias e não afecções. Mova-as, siga-as: agilidade, desprender-se, a reescrever, em programas, grandes sentenças microscópicas, integrantes do sistema hard em possibilidades e regras, e combinatórias: difusas, abertas, impiedosas. Tarefa a ir-se constituindo com a coisa e o fato e a inocência e a argúcia.

Diz – há de dizer algo. Diz: estareis soltos (depois) e recorrigidos (depois). Não temer acionar-me. Funcionando, que se testem no poema capacidades do que és, do que supões ver, do que crias: que se verifiquem conexões – para que, de ponto em ponto, deles mesmos se retirem, em certo estágio, componentes enfraquecedores, substituindo-se constantemente memórias a fim de que mais e mais se cruzem os silêncios, o jamais.

Diz – alcançar o que teria parecido ser o limite máximo: voar e retroceder e assim conduzir os poemas para locais de maior plugagem recepcional e de maior contaminação orgânica, sempre retransmitidos por outros e outros poemas, mais e mais excelsos, entre eles os provenientes das subjetivações externalizáveis por altas intensidades.

Estar, pois, na sintonia das múltiplas e móveis estruturas que poemas abrem e na direta e consequente rede dos incontáveis sentimentos aferidos – este o gesto do poema-isto-arte, qual seja o modo de apresentar-se: justo acerto entre aquilo que se passa no campo da racionalidade das emoções e as peças sígnicas, plásticas, sonoras: suprassegmentais.

Poemas como os de Richard Serra a ampliarem relevo e olho: capazes de: correspondências e assaltos amorosos e inesperados das forças. Definir o lugar. Cortar a galeria no meio. Cabe conjugar instintos e pulsões; assinalar a contrapartida normalmente explosiva, proposta pelo desgaste e polimento decorrentes da guerra que se exerce entre as inteligências da matéria; iniciam-se ali os argumentos em aço, em aço cor-ten.

(Talvez) **poemas-isto-arte:** executam serviços simples; costumam comportar conjuntos de ressonâncias de poemas, atuais e antigos, sempre presentes e a acompanhá-los. Pode-se recorrer, dada a situação de embaraço ou pesquisa, aos recursos de reenviá-los a (a) seus modelos conservadores, (b) suas imagens primevas, (c) seus temas contínuos, (d) sua perspectiva quase a-histórica, (e) seu arsenal imóvel, confortável e desconsciente.

Útil, utilíssimo, reconhecer lembranças e ecos: poemas-isto-arte-arquivos – grandes gavetas, enormes painéis, imagens a tudo cobrir, como os de Aby Warburg: devastem-se arquivos e arquivos. Sustentam-se grandes vigores por meio de incontáveis e colaborativos lugares-comuns; poemas acolhem e fazem valer a carga do irrecusável. Não apenas dela se nutrem, como procuram garantir o participar; querem construir provas quanto ao estar-vivo; carecem – há os que não, para as assertivas acima e abaixo – do pensamento secreto (logo, consideram o fator-evadir) de um-quem-operante-próximo-a-chegar. Para desfazer, montar, rir, não (se) dar conta de.

Exercem poemas sua energia constante vinda de formulações-de-base, das quais seria estratégico (embora impossível) alguém escapar para não se fazer miudamente dominável.

Pois assim é – qualquer poema faz-se de amplitudes e de

provas de constrangimentos. Daí as diminutas respostas, as diminutas aprendizagens. Sabendo haver, ao lado das mensagens tópicas e arqueológicas (as constantes das culturas de que provêm e as com que se relacionam diretamente), os sinalizadores impróprios: poemas-isto-arte, em caixas plásticas – chaves distantes das caixas.

Na mente inscrevem-se repertórios de mundos diversos, para que se tenham e se dominem, até certo limite, variados códigos. Acervos parciais podem ser abertos; grandes quantidades de recados impressos em poemas requerem constância e delicadeza no uso dos dicionários, os diretos e os virtuais, que os constituem.

Teclando o verso, a linha, o ponto, o vértice, a temperatura, o odor, o livro, o objeto, a coisa – conjugando-os, as línguas de que dispõem expandem-se a tal ponto que haverá o momento de não se identificar o norte: setas e motivos.

Bom, excelente – principalmente caso se possa ir além do saber e saltar por sobre o senso de coerência: teria sido isso entender e fruir.

(Talvez) poemas-isto-arte: pedem, como entes e seres, auxílio: carecem do emprego de uma ardorosa pragmática, e sentem-se mal quando almejam ou recebem sentidos. Vejam-se as curvas, as nuvens, os desaparecimentos: poemas há que obtêm circuito por intermédio da imobilidade, do claustro, do reter.

Outros, por explicitarem sua vontade nômade, ora gregária: saem, refazem casas (uns agora não se movem, meditam; meditam também aqueles neste instante em disparo), seguem o cão e a rua, não importando, contudo, o fato de que se encontrem em risco – por opção ou por inevitabilidade (e assim é) – de (obra, pois): queimarem.

Ou, em pouco uso, sofrerem definitivos danos. Morrer (ser outro) pode ser objetivo de toda aparelhagem-isto-arte: *a morte, ei-la* – sábio afirma um poema escrito por todos. A morte não para se tornar comentada; sequer vivida. Para ser posta em uso: tantos e tão ricos seus nutrientes.

E talvez não. Sabem poemas a morte não consistir em problema deles ou de quem. Os mortos poemas despertam não apenas ao meio-dia; destituir: verbo da morte e da arte, o isto. Poemas ganham quando explodem ou ardem. Quando recusam. Ou cedem, por destemor.

Deles recolhem-se resíduos para acoplar a outros e outros, e, ainda, a migalhas, a qualquer pó ou sobra ou casca: sim. **Soprar: deva-se antes –poemas propõem – ir ao escuro. O dedo é conduzido ao poema: um coração agita-se.**

O ritmo está afeto, de modo certeiro e em proporções incomparáveis a nenhuma outra, à arte do poema: cadências, timbres, alturas, tons, curvas, dobras, saltos, volumes, intensidades.

Entre os empregos da língua raros destacam como o poema, com igual vigor, a pujança das vogais e das consoantes em suas mobilidades e articulações sonoras.

Faz-se o poema em virtude de íntimas exigências relacionadas a operações de limpeza ou de acúmulos fonéticos, gráficos, emocionais.

A maior ou menor presença dos indicadores do pontuar atinge no poema diretamente o campo dos sentidos e seus vínculos com os meios de realizar-se a respiração.

Ao codificar sua especialidade psíquica e plástica gera o poema o próprio campo de uma ardente vontade de silenciosa comunicabilidade espiritual.

O modo das escolhas, que vão dos fonemas às sentenças, permite acompanhar o poema como construção de um corpo inapreensível de todo, embora ali a mostrar-se.

No poema vê-se a passagem do som e do ar, sólidos e transparentes, assinalando esquemas melódicos ou não, conforme a maneira de distribuir e de utilizar ditongos, tritongos, hiatos.

As sinalizações rítmicas da sílaba acentuam no poema a largueza da língua, fazendo-a tornar-se espessa e valer em si.

Os processos rizotônicos e arrizotônicos, as ortoepias e as prosódias encontram-se no poema à disposição de seus prognósticos existenciais.

Dominando uma sintaxe particular, o poema firma sua natureza de construção e une os termos integrantes e acessórios às estruturas indiretas do vocativo e do aposto, às modelagens dos períodos, às incisões dos cortes e pontos, ligamentos, costuras conduzindo a imprevistos resultados recepcionais, contudo já inclusos.

O poema impõe identificar nas figuras de linguagem as curvas provocadas no pensamento emocional.

Intuição, prática, conhecimento avultam no poema os modelos rítmicos necessários a intraentendimentos.

Distribui-se o poema em movimentos ora regrados e medidos a repetirem no tempo por meio de intervalos regulares, ora cindidos por ampla espostejação dos processos sistemáticos básicos.

Vale-se o poema de modos frasais feitos de acentos fortes e

fracos, gerando ondas respiratórias, perturbações táteis e visuais, como as derivadas da atividade vibratória dos pêndulos para fins hipnóticos.

Variações periódicas no curso de qualquer linha do poema situam-no próximo das fases-da-lua-e-das-marés-e-do-tempo-e-da-natureza-e-do-corpo e de todos os ciclos que atendem à necessidade incontrolável de derramamentos de vida.

Estruturas regulares, ou não, constituem no poema espectros, estados de afetos: fluentes, gagos, nublados.

Combina o poema elementos, de maneira a atingir nossos sensores estéticos, dando-lhes orientações móveis, como à nossa vista gestassem esculturas verbais: em sólidos e em bolhas.

Na feitura da frase do poema consigna-se a distribuição de sons a se repetirem até formarem peças sonoras perceptíveis quanto ao acento e à durabilidade.

Provém o poema de agrupamentos dos tempos, unidos por aproximação de sons fortes e fracos, conferindo-se a cada parte mínima sinais exclusivos da combinatória.

Pode o poema contrariar e assim fortalecer todos os predicados da ritmopeia, ou seja, a parte da ciência e da arte – poética, musical, retórica – dedicada à investigação das leis dos ritmos, inclusos os dos corpos.

Avultam no poema os ruídos, abarcando silêncios: os silêncios do vácuo e os da ocupação.

O poema, ao atingir seu maior raio tensor, abrigará as ácidas belezas da rigidez (inerente, necessária ; por vezes dolorosa; por vezes imposta pelo organismo).

Comporta o poema a paralisia, a apneia: a extrema parada de um setor da obra leva-a ao seu máximo de possibilidade, de onde advirá, dentre forças construídas, uma das mais difíceis – a da concentração.

Do estado e da temperatura do poema obtêm-se as **voltagens exigidas pela diferença elétrica entre dois pontos de um circuito físico qualquer.**

UMA LITERATURA DA ILHA NO CONTINENTE*

Ir ao ler por força do nome próprio, especialmente quando o nome próprio afirma por toda a parte a força do nome. Do nome, em sua força, irradia-se o conhecimento, a velocidade do pensar, a escrita em chamas, a paixão. Ir pelos lugares que desenha aquele de que aqui se cuida: José Carlos Oliveira. *Os olhos dourados do ódio*. Ir às crônicas, em virtude de bem ali situar-se a sequência de nomes que produz para o tempo; dele tratando, acentua-se aquele caráter devorador de filhos.

José Carlos diz da necessidade de, por um instante ao menos, saber fazer parar o Tempo, em ele havendo. Desse esforço, surgirão, ao meio da tempestade de afetos e vocábulos, vazios, ressonâncias.

Parar o Tempo, se possível. Caso contrário, fazê-lo na modelagem da espiral.

Escrever por gritos, por perda do respirar, negando-se ao contínuo e ao homogêneo, aceitando as tonturas das curvas.

As crônicas assim se nomeiam por também se referirem aos modos de se nomearem as doenças: as doenças crônicas. As crônicas *crônicas* de José Carlos capturam os temas obsedantes, as procuras pelas mesmas perguntas, o repetir, o repetir,

---

*Cuida-se do livro **Os olhos dourados do ódio**, constituído de crônicas do escritor e jornalista José Carlos de Oliveira, publicado, em segunda edição, sem data expressa, por José Álvaro Editor.

o repetir.

Repetir ao ponto do diferenciar.

Nas crônicas, as muitas saúdes da alma com suas ricas patologias.

Doenças saudáveis que restaram como lembrança, outras que sem acontecerem insistem, perseguem, abrem-se em formas fantasmais e atravessam o tempo, indicando, além do agora e do antes, o depois imaginário, inscrito a fogo no constante da vida diária, do fato corriqueiro, do acontecimento simples, do ir vivendo.

Nas crônicas, vê-se o lugar exato, o território de uma admirável egografia, na qual se vai construindo uma espécie de *eu* espontâneo e direto e, no entanto, sem qualquer autopiedade, como aquela que tantas vezes afoga poemas e textos pobres. Os que não cresceram. Este *eu* – na arte de José Carlos – comporta-se com a consciência de constituir-se como pronome (sabendo ocupar o lugar do nome) e, assim sendo, perfaz um campo de processos de subjetivação largos, permitindo que muitas vidas confluam para o pronome e, por seu intermédio, dialoguem.

O imediato, o já, o sentir são atraídos por tão hábil *eu*: José Carlos Oliveira, sob a máscara de um *eu* múltiplo olha em várias direções, percebe mínimos movimentos, descreve, espalha, comenta, mistura, faz a variedade ranger.

A letra está sob o domínio de sua máquina. Não teme o risco de perder a arte para ganhar a foto.

No registro, a plasticidade.

A foto daí derivada não se situa na ordem do digital (pois o chip da virtualidade é ainda incapaz de reter o isto do agora, capturando apenas o instante seguinte) e sim no âmbito da analogia: captura-se na escrita de Oliveira o exato instante, químico, transparente – mostra a vida, a sua, e a de tantos, ali, alhures.

A crônica pede o jornal. Por justeza migra para o livro.

Traz, entretanto, de seu primeiro suporte, o trabalho do dizer logo e do ver o que se passa; joga sobre a página do livro o pó do jornal (a jornada, le jour): a jornada de trabalho de quem escreve, a de quem lê.

Lide-se com aquilo que dura e com aquilo que pode perecer, o descartável do dia, o ir adiante, o esperar o próximo (jornal), o próximo (dia), utilizar o que, apesar de tudo, se fixou, perseguiu – dizem as crônicas.

Escrever com materiais fugazes, com sombras, com a poeira, como fizera José Carlos ao utilizar-se do frágil papel jornal, papel que, naquela época, era útil ainda para embrulhar o peixe. Função precisa, pois tudo em Carlinhos remetia – remete – ao mar.

E ao peixe.

A letra nas páginas possibilitava ao papel o estado de estremecer. Cada coisa por ele trazida tornava-se uma espécie de bandeira, manifesto, grito.

Bandeira do *navegante-eu* sobre uma escrita-barquinho de papel jornal dobrado.

Cada texto, um origâmi para navegar. Lendo, ia-se com ele. Sua palavra gestava ventos. Ventos fortes, ora exaltados, ora cobertos da virtude kantiana da melancolia, ora descrentes, ora guardando – alegre, muito alegre – o fazer-se das coisas e das sintaxes.

Carlos valia-se de ordens e termos tão seus e reconhecíveis e performáticos como se um jovem irmão fosse, não cínico, de Nelson Rodrigues. Um irmão de puríssima entrega, que poderia ter rido muitíssimo, mas que riu o que pôde.

Nele, não máscaras e máscaras, mas quase rostos, muitos sonhos, desejos, apostas, observações sobre os múltiplos tons do que costumamos chamar de existir.

O papel do jornal mais do que o do livro remete ao fim da árvore. A finitude rigorosa do jornal – menos de um dia – dialoga com o tema da árvore, da árvore que morre, que está a morrer, embora resista.

O papel do livro notifica esse longo tombar, essa queda de

uma força não só apenas botânica (além, pois, da natureza). Envolve, de maneira escandalosamente direta, na escrita de Carlos, o mundo da cultura, da cultura do Brasil, das formas frágeis de organização da vida, das ruínas deixadas pela arrogância humana sabiamente desconstruída no operar da crônica, daquela que, além de desenhar-se ao estilo das crises e de perseguir a passagem do tempo, se faz como se contivesse a capacidade de tornar-se uma espécie existencial e subjetiva de cronômetro.

Medir o tempo em cada uma.

Medir os diversos ritmos de tempo.

Medir as temporalidades dos processos afetivos.

Medir o digladiar existente entre um segundo e outro de um sentimento, de uma ação, de um gesto.

O tempo do decidir. O tempo do susto. Esses tempos incrustam-se na grafia crítica de Oliveira.

José Carlos sabia que a árvore, como figura-símbolo do Ocidente, vinha sendo destruída.

Sabia, portanto, ser imprescindível falar da morte ao ocorrer na cultura e da morte ao ocorrer nos corpos.

Sabia ser preciso escrever com urgência, cuidar da urgência, materializar a urgência.

Há morte, como pintá-la, ter-se-ia indagado.

Com a imensa vivacidade de um escritor que chora e ri. E gargalha. Por tal recurso, contrapõe ao desgaste a saúde estética: o escritor como o artista da vida.

A árvore, explicara Deleuze, possui estáveis raízes, cresce organizada, encena vida eterna. Interessa a José Carlos a figura do capim.

Somos capim – teriam dito juntos a ele Clarice e Deleuze.

Somos rizomas – podem os três assinar.

Crescer para todos os lados: resistir.

Escrever como resistência.

Multiplicar.

Ir para diferentes sítios.

Serve àqueles também, e adequadamente, a figura intermediária dos bambus (nem árvore nem capim: árvore e capim móveis e flexíveis aos ventos e dados em ato religioso aos céus) – as cercas aéreas, as sinuosidades, o dobrar-se sem romper-se.

O bambu relaciona-se, em lugares distintos da crônica, com outro elemento igualmente flexível e sagrado, porém definidor do território que fortemente caracteriza o grande amor de Oliveira: o peixe.

Na egografia presente nas crônicas, afirma-se o percurso – o mar constante – daquele-que-escreve indo em direção ao Continente (Rio de Janeiro), sendo, entretanto, o homem (o peixe) a vir da Ilha (Vitória).

Pathos diferido, conforme aqui ou lá.

O relato do deslumbramento seu face ao mar, visto do Continente, estando não mais cercado de água e sal, na Ilha.

Ver o mar em solo do Rio traz-lhe comoção rara: sentir-se diante do sublime e do total.

[Deve-se talvez tal sentir ao fato de parecer-lhe haver nenhum cerceamento, de encontrar-se diante do oceano com todas as possibilidades de um imaginário arcaico relativo ao eterno e ao infinito, de um imaginário concreto de conexões com os impensáveis-outros].

[Quem sabe ali outras pontas: a África, a Ásia].

Escrever no Continente: nele reconhecer o odor caseiro das águas, o som doméstico.

Escrever no Continente, estabelecendo a potência de sua diferença, por trazer na história do corpo, de seu corpo, as marcas da Ilha.

No Continente, uma literatura insular.

Esculpe-se o trânsito de um espaço a outro, sublinhando-se

sinais da Ilha, sinais inibidores e a um só instante constituintes do vigor do pensamento, da vida e da arte.

Escrever por poder isolar-se (ilhar-se).

Escrever e comunicar o incomunicável. Contrariar, no Continente: o sentido do insulamento como ato capaz de pôr um corpo em condições de não deixar passar a eletricidade que tem.

Na guerra comum, José Carlos eletrifica a escrita, distribui-a reenergizada.

Sabe ir ao coração do peixe, do peixe que sois. Às vezes.

Na crônica 'Curral de peixes':

'o peixe perde a liberdade por distração e preguiça'. Ou ainda: **'mas o curral de peixes é um labirinto no qual se oferecem todas as oportunidades ao peixe: – ele tanto pode entrar como não entrar; e pode sair'.**

Porém não o faz: o que o cerca (o que o ilha) está aberto: ele, ele impedido: acomodou-se, distraiu-se. Não esteve atento.

O peixe age em águas não como o leopardo em terras:

'quando o leopardo pisa na armadilha, o chão cede; a fera tomba no buraco. Cioso de sua liberdade, o leopardo faz desesperados esforços na tentativa de voltar à superfície'.

O peixe, o peixe não. O pássaro, o ser dos ares, quer a liberdade:

'o pássaro pilhado na gaiola tudo fará pela volta ao ar livre, batendo as asas e arrojando contras as hastes que o aprisionam'.

Na pele das crônicas cravam-se narrativas curtas e singulares, quase poemas. Neles, descuidos, fragilidades, ilusões de homens e de mulheres – destino e não destino.

Mas a pequena fábula que segue. Ainda o peixe:

'As tainhas são peixes de formas aerodinâmicas, parecendo pequeninos tubarões. Uma tem o dorso negro e o peito branco; a outra é cinzenta em cima. Lá vão elas nadando em idílio no cálido mar de Magé. De repente, diante delas, surge uma longa cerca de bambus fincada na lama. As duas tainhas podem fazer o que bem entendem: podem voltar, podem contornar a cerca. Mas, vítimas da mais inocente curiosidade, começam a procurar na cerca uma saída. Nadam, nadam, fuçando a cerca; esta se quebra em ângulo brusco, e lá vão as tainhas seguindo o desenho proposto pelo homem no mar. Então, no fim desse ângulo, a água está livre. Satisfeitas, as tainhas nadam para a frente. Desconhecem que o grande círculo de água em que penetraram está por sua vez limitado por um círculo de bambus. Quando o compreendem, novamente aflitas, recomeçam aquela

procura de brechas, e assim se submetem novamente a essa delicada imposição do espírito humano. Nadam, nadam, interrogam a cerca, e novamente encontram uma saída: – ingressam num círculo ainda mais fechado'.

O grande tratado do peixe-escritor José Carlos Oliveira envolve variações de espírito: daí, por sobre a tainha, a arraia. Sua força cênica, seu desfecho idêntico:

'o dramático esvoaçar da arraia na água, a arraia de asas abertas como um fantasma, voando no fundo do mar [...] a arraia feroz e desesperada no seu silêncio'.

O escritor José Carlos e seus poemas quanto ao debater-se ao existir.

Bambus-capins colorem as páginas de tom esperança, fazem-nas vívidas.

Animais diversos estabelecem painéis de afecções.

Por vezes algo vermelho surge de súbito: há sangue grosso também.

Termos justos com que ele designa sua escrita: severa elegância, fome de silêncio, cólera surda, exercício da contradição. Elementos com que, em minúcias, reflete sobre a sobrevida, como a teria definido Derrida: nem vida nem morte, uma e outra, aquilo que ultrapassa, o solo da resistência, a captura de um poder que escapa.

Em estado de sobrevida, produzir a atmosfera do *testemunho*: isto é, traçar à faca a aventura íntima.

No testemunho, o grande valor da herança, qual concebe Nietzsche, ao assinalar só haver alto valor naquilo que se herda: o que se herda está no corpo, diz respeito a um-desde-sempre fixo e modificável, refere-se à história dos atos e dos ritmos do corpo, das emoções que antecedem, que estão ao lado, que a qualquer momento na pele se abrem.

O testemunho das crônicas de José Carlos Oliveira domina o registro e a foto, não teme ir ao público, revela ter tido a ousadia de aproximar-se o mais que pôde, de ter visto, de ter dito, de ter sido afetado.

O testemunho a dar-se pela sabedoria do relato, pelo corte abrupto, pelo comentário, pela visualidade do caso. E ainda por exercer a inteligência do ofertar-se – de ser testemunha: de saltar para fora seja da acusação, seja da defesa.

Para testemunhar, cabe construir-se no exterior, nele habitar, ser estrangeiro da Ilha, do Continente e dos aquários.

No aquário, supõe José Carlos, os peixes traçam **'a palavra Felicidade em melodiosas bolinhas de água que sobem para explodir na superfície – onde justamente começa o nosso aquário, poroso e, quase sempre, grávido de presságios'.**

Dentre os peixes, destaca-se o peixinho feioso. Aquele que

responde por elipse, rindo amargo e sábio, como se mostra no trecho: '**e havia finalmente um peixe muito gordo, feio, sem cor definida, cuja função e demência era sugar o vidro, e que me explicaram ser bastante útil porque elimina as impurezas do aquário. Eu perguntava: "Onde está a minha amada?" E eles: – glub-glub-glub. "Qual o segredo da felicidade?" Preto-e-branco balançava a cauda: – Glub-glub! "Por que os que se amam se desencontram, e no fim se desamam?" A resposta vinha em cardume: – Glub-glub! Glub--glub-glub! As pequenas bolas de água subiam, enquanto o peixe maníaco aplicava a redonda boca no vidro, dando a impressão de querer dizer-me algo ao ouvido. Aproximei a orelha e perguntei: "Peixinho feioso, por que a vida é triste e os homens não se compreendem?" Ouvi então algumas palavras que não hei de esquecer, e que me ajudam desde então a enfrentar as aflições, mesquinharias e dificuldades cotidianas, bem como a usufruir plenamente as mais felizes oportunidades. O mundo, estou certo, ficaria melhor se todos aprendessem esta verdade incomparável. Disse o peixinho feioso: – Glub-glub!**'

Talvez queira a escrita, em horas, apenas – frente a perguntas irrespondíveis – operar em repetição maníaca, com a beleza própria do terrível, do tenebroso, do grotesco labor, **dizendo em cifras sonoras tão só: -- -------------------------------------Glub.**

Encontra-se alguém debruçando-se em uma das janelas do tempo; reconhece, sem pensamento claro e ao acomodar-se, ser o tempo um recorte de espaço; deixa naturalmente o olho mover-se; seu olho percorre quieto os ambientes do fora até atingir aquelas obras ali, próximas e sob aparência tão outra, obras dos feitos árabes, obras de arquitetura talvez – obras de escrita, diz alguém quase em voz alta, de escrita sim, de escrita; obras de arte de toda sorte a instalarem-se de maneira única no sítio inteiro a capturar o olho e a desviar um corpo, o de alguém, situando-o nos redores dos quase nove séculos do calendário de alguém.

Em lugares muitos repetem-se e refazem-se páginas de livros: mulçumanos, judaicos, cristãos: uns seguem livros, outros interpretam livros, outros transportam livros – todos escrevem, criam livros sobre o real; livros, agora vistos em espanto: formas próprias e únicas de construir a letra em beleza exigente, provinda de cálculos feitos em sabedoria extática; páginas escritas no trato das paredes, das colunas, dos objetos de uso e no entanto incomuns, no erguimento de locais de culto; em toda parte, ó deus-dos-seres, bem se instala o forte senso de sublimidade, a radicante pulsão do sagrado.

Na referida janela, um peito abre e fecha, abre e fecha, acelera, respira e inspira: está-se diante da pulsão externa, à vista, um susto de glória exposta em obras a exibirem fios, em um só ato, do cérebro-ocidente-oriente vosso, nosso.

Nas obras e nos homens de lá, duas forças intrínsecas do cérebro-aquele atuam, geram amplitudes e sentimentos matéricos, plásticos, afetivos; operam com redes necessárias ao viver, que se disseminam desde sempre, e pedem mais e mais arte por exigirem mais e mais vida.

Foi possível construir-se uma ardorosa, complexa e incansável cultura a dedicar-se sem cessar ao trabalho ativo de traduzir a potência da sacralidade em riscos e linhas, labirintos, desvios, retornos, levezas; uma arte sim, o espiritual e o excelso, uma arte sim do arabesco – oh, tão exato termo! – e dela precisamos todos – grita ao ver da janela – para o equilíbrio tenso dos corpos, para seu sustento necessário.

Ali, entre inúmeras, alguém vê, como se tocando, uma finíssima coluna-caule, suas ramagens íntimas, firmes, proliferantes.

Quem vê está fora da História, de qualquer História, seja das artes, das civilizações ou das culturas; nenhum desses termos é justo para designar o salto epifânico que se deu, que agora se dá, por isso respiram as coisas e alguém.

Alguém respira e inspira, inspira, inspira, respira.

Nas obras, uma cavidade sinestésica plena de sopro e ar, sinais da sacralidade a independer do terreno religioso; que se segure com os dedos o sagrado, trata-se de apalpar essa força natural arcaica e extemporânea, esse incontornável ímpeto de eternidade e de sobrevivência, a fazer sonoro o mundo vigoroso de todos os seres: nada existe que não queira vida, que não imponha o expandir da vida – da vida aqui, mesmo quando se anuncie um lá, um depois.

Acolham-se, contudo, o lá e o depois plantados pela obras no osso do presente: que se expande, que perdura, que à janela chega como dádiva: presentear: transmitir; nas iluminuras, nas caligrafias, nos edifícios, no compor dos tantos elementos das arquiteturas e escritas (no papel, no solo, na massa das coisas), o estonteante poder estésico alastra-se em sutis cavas e relevos alvéolos sua matemática a produzirem teias, tecidos, rendilhamentos.

Em minudentes vidros, pensamentos sobre a radical existência do traço nascem; volatidades formais, silêncios em ritmos; nas obras, o outro-que-somos, que sois; pelo mesmo diferido do sagrado, pelo sentir-se nos limites (diluindo-se) da divindade clamam as obras.

A tal estado supremo ir: isso sustenta e sustentará, assim alguém ouviu; nas obras, tal arco luminoso: a divindade dos e nos homens; de suas colunas necessita todos, em havendo – e há – o caminho e o imperativo de com e em obra existir; nas obras, sóbrios nutrientes fortalecem a pulsão-divindade, um evidente lugar marcado no cérebro – e a escrever-se dentro e fora das obras.

Olha alguém aquelas iluminuras, aquelas letras, aquelas tradições, aqueles templos repostos em formas de arte, todo o devir divino em obras; transita por esses sítios artísticos de maravilhosos desenhos, segue os percursos da linha a estruturar-se nas escolhas das exatas cores, nas escolha das curvas, dos efeitos das técnicas da flutuação, nos arranjos, frases, páginas, nas concretudes das matérias, no sapiente uso dos espaços.

Dizem as obras: entrelaçar e entender, e entender, por sentir, sentir o divino em magnitude e esplendor, plasticizando o elevado afeto, criar-se assim a acolhida corporal do sentimento este – o de divindade; daí se entregarem aqueles construtores de arte ao trabalho constante de amplificar as possibilidades das formas.

Ardente e geométrica existência foi capaz de acionar, ao extremo do requinte, com ilimitados meios e empenho, o tão perto-longe Bizâncio, retraduzido por filtros e filtros do fazer e do compreender; de que tanto carece o espírito, seus acionamentos pulsionais, para tornar pública sua corporeidade?

Luz, luz, luz e luz, com sombras moventes; da luz, o florescer da cor, o ressaltar do desenho, o potencializar do detalhe e do mínimo; afetar de luz e luz outros e anteriores livros sagrados, transformando-os com seus gestos de irisar: o mundo, todo ele, livro: prédios, iluminuras, caligrafias; tinturas em prata, as películas de ouro, a mão humana concentrada, o projetar, o ir grano em grano, a capacidade cada vez mais intensiva e a agir e a pensar conectada à música visual dos mosaicos, um campo de nuances, sempre visando a suspender levemente, a redispor o peso, a soprar o que se quis sobre o solo.

A divindade – seu levitando; pairar; cavar amorosamente nos blocos edificados vãos e vãos, abrindo e aumentando a fartura do interior, para estender a transparência e construir o informe; o céu a entrar: o vento, a vida orgânica, e todos aqueles efeitos do polido apaixonamento plástico da esplêndida arte alargam-se.

Escreveram-se, em obras de papel, tecido e pedra, novos lugares santos, novos espaços de abençoamento da terra; valeram-se dos cuidados dos ornamentos, pois de ornamentos veste-se o espírito; com eles, clareia-se o hemisfério espiritual; nas obras, oferecem-se a erudição islâmica, as especiais relações entre a bíblia e as escrituras do alcorão, as linhagens dos profetas; estas conversações infinitas e densas, suas maneiras de dizer o saber e de dizer o sentir estão grafadas, assim como estão nas tecelagens impressas nas mesquitas e nos mosaicos, que assinalam, mantêm e excedem seus iniciais sentidos e usos; igualmente encontram-se nas sobreposições de paisagens, no ouro, nos sopros de ouro, nos retornos dos tratos ópticos das pinturas pompeianas.

A divindade, a pulsão-divindade espalha-se, dissemina-se pelas diferidas culturas; ei-la, alguém diz; ei-la em perfeitos cruzamentos, em testes variados de acúmulos conceituais de volumes e cores; nas séries das colunas, das finíssimas colunas a elevarem arcos e arcos e arcos, com suas dobras e vazios sutis, inúmeros.

Deus estará louvado e visível na criação de locais de expressões plásticas e físicas provindas do observar e do reconstituir a inteligência da vida e da arte botânicas: encontra-se em vós, nas ramagens vossas; sois, assim, divinos, e, por meio de uma arte expandidamente escriptural e de seu poder centrífugo, da janela escolhida, também em vós, em vossos corpos (dentro, fora), a bela certeza das ramificações e das multiplicidades divinas; uma certa natureza de divindade imprescindível, bem aqui – na arte do arabesco; nela, o tempo trabalhando, trabalhando.

Da sabedoria do arabesco, nutriu-se Borges, para teorizar (toque-se *o Aleph*), Guimarães, para espalhar (siga-se *Grande sertão: veredas*), Joyce, para espocar (esteja-se com *Ulisses*). **Sai aquele alguém da janela: a janela, o seminário da janela, segue adiante aquele alguém: que para, senta, respira, inspira, respira – que escreverá um dia.**

BEM EM FACE DE

Em **Roland Barthes por Roland Barthes** – e não se poderia dizer simplesmente Roland Barthes por ele próprio: logo se compreende na penumbra em que ocorre o fenômeno da compreensão haver certo Roland Barthes escrevendo sobre um outro, valendo-se dos efeitos e da diferença impressa nos estados das escrituras.

Roland Barthes, alguma das figuras desse nome, apresenta nas primeiras páginas séries de fotografias, deixando-se icônica e provisoriamente fixar - em situações e espaços vários, em cenários nos quais um possível ele, o outro do outro do outro Roland Barthes - , mesmo quando ausente.

Em uma das fotos, a 27ª, considerando-se a escrita-à-mão barthesiana, que recomenda ser tudo ali tomado como dito por uma personagem de romance.

Tal personagem, uma de suas performances, aparece com apenas a metade do corpo visível, por trás de uma mesa forrada provavelmente com cetim ou veludo, onde se encontram papéis, um jarro d'água e um provável microfone. O texto que suplementa a foto: 'Desamparo: a conferência'.

Em outra, bem mais no início do livro, a 4ª, vê-se em primeiro plano um menino (um dos eles?) no colo de uma mulher (a mãe? a mãe das figuras?). Esta sustenta-o; ele, nela apoia-se: rostos colados; toda a cena acompanha-se do sintagma inteiro, sem ruptura ou elipse, direto qual impõem os dois pontos: 'A demanda do amor'. Cuidara singularmente disso, e ponto.

GENOMA, ENTRE ROER E VOAR

Diz o ator número um no teste para elenco: 'somos, os que formam a incomensurável parte da comunidade dita humana, uma espécie de litteridiotas informados; e entre encanto e alarme, já detemos um saber supremo, apreensível por alguns poucos esquemas genéricos: conquista, de certo modo invisível e nem por isso menos poderosa, a ser lida em virtude de sua absoluta extensão significante, comparável a bem poucas outras resultantes de pesquisa ou de descobertas anteriores, tanto pelo valor em si, quanto pelo efeito de ruptura histórica e de espanto social e tremor nos processos de subjetivação e artístico: algo do genoma sabe-se – e de nós: ah o nós, o nós!'

Diz o ator número dois: litteridiotas não mais escandalizáveis: os quintos-mundos acompanham, empenham-se, contribuem com seu dízimo, e esperam o 'bônus' não da hegemonia ou da onipotência, mas o bônus (improvável) do amplo sentimento de parâmetro (que não é a humildade): afinal, dizem-nos agora: diferimos os homens, um dos outros, em apenas 0,1% (seja-lá-do-que-for: dependendo da perspectiva dos cálculos, pode ser bem mais do que suficiente para aumentar a distância irremediavelmente!). Bom, portanto, ter em memória que em mais de 70% (seja-lá-do-que-for, já que sequências e probabilidades contêm grandes surpresas, em números e letras quando em ação) somos similares aos, aos delicados camundongos.

Diz o ator número três: 'e nesse plano do conhecimento, vale lembrar que o primeiro a nos dar nossa evidência, por meio da exposição de sua cadeia genética foi, foi um verme, conforme intuíra aquele outro pesquisador, Machado, em suas *Memórias Póstumas*. Sobrevoar-nos-á para sempre a mosca-das-frutas. O rato e a mosca-das-frutas foram reconhecidos; por enquanto nós assim: entre roer e voar – e estrangeiros'

Diz o ator número quatro: 'as palavras de que necessitam são antigas e macias: rascunho (do genoma), livro (da vida), letra (química) etc.; na fase de procura de um 'alfabeto', procura-se efetivamente ler – outra natureza de aprendizagem, diversa da ação de separar, classificar, descrever; tudo estará sujeito às leis das sintaxes e das pragmáticas: posições, contextos, usos, interesses, hierarquias'.

Diz o ator número cinco: 'há três bilhões de bases químicas a fornecerem o DNA de cada um dos vinte e quatro diferentes cromossomos humanos. Bases que se distribuem em quatro tipos (bastante a ser examinado em números; mais ainda em sentidos). Até o momento: trechos soltos, rascunhados; sequer a sentença, o período; muito menos, o discurso, o texto, o livro – os livros.

Diz o ator número seis: 'as regras imprevisíveis, as combinatórias, as surpresas, os sensos mal interpretados ou mal dirigidos, os acertos de uma ou outra direção semântica provisória, todos esses fatores constituintes da leitura agem nesses casos também: importa ir além da sequencialidade –não só dividir ou somar: combinar, dispor, confrontar, alterar, deslocar e, por fim, ter a fineza para mover-se face à multiplicação da langue do corpo – a um tempo econômica e incalculável; considerar as tralhas a que se referem cientistas – tralhas têm força'.

Diz o ator número sete: 'a ignorância aciona o motor da criação. Seguem os homens às cegas: à luz do não saber; por iluminantes cegueiras. Para tornarem-se leitores, convoquem-se espectros: Espinosa, Dante, Marx, Shakespeare, Nietzsche, Machado, Cervantes, Molière. Disquemos Chomsky'.

OUTROS ATORES

O ator u: 'universos da saúde encontram-se entrelaçados aos do conhecimento (não em todos os seus sentidos!): quanto mais se alarga o espaço do conhecimento (não em todos os seus sentidos!), mais se reduzem as possibilidades de existência da doença (não em todos os seus sentidos!). O conhecimento (não em todos os seus sentidos!) desenvolve-se por intermédio do exercício de práticas – práticas de leituras, de reescrituras, que ultrapassem a atividade de reconhecimento do alfabeto gráfico e a abranjam à imensa variedade de seres, atos e processos circundantes: uma operatividade a ativar sensores críticos e mecanismos fortalecedores do corpo ampliado'.

O ator l: 'leituras, reescrituras envolvem observar, refletir, imaginar, abstrair, testar, associar, distinguir, transformar, preservar; nutrem-se de fenômenos feitos em *vida diária* (espécie de livro em aberto sendo feito); tornam a vida movimento e pesquisa – incontornáveis atos a exigirem polidez, polimento, delicadeza.'

O ator p: 'para a saúde – entendimentos de mundos, afeto, sensação, aparelhagens de alma, máquinas dos corpos; além do informar-se, domínio dos meios legítimos do exercício da capacidade reflexiva: alargar a saúde – com urdiduras firmes: a carga e o motor: corpos desenham'.

PODE UM TEXTO IMPORTAR

Por esforço de aclaramento frente a mundos verbais singulares, e por: recurso à paciência medida – saber mostrar-se discreto e afetivo em relação ao seu provável parceiro – dirigir-se tanto ao par quanto ao ímpar – quanto de trabalho a envolver matérias, pesquisas, inteligências – capacidade de unir pensamento, expressão e transmitibilidade – senso das articulações, consideradas frase e sentimento exatos – ajuste da beleza verbal – ligas feitas da prática e da imaginação – elos com saberes de mesma ou de outra natureza – entendimento e domínio do medo – modo de conseguir ser-aquilo-que-vai – sendo: suavemente formar-se.

ARSÊNIO

Ator nenhum: viu-se na web a cara pouco surpresa de Felise Wolfe-Simon assinalando a todos sua descoberta não só quanto aos novos mecanismos necessários para a constituição de vida dentro e fora do mundo-terra mas também quanto ao tanto que a vida resiste e ultrapassa o calculável: capturou Felise um especial micro-organismo desconhecido e existente que cresce em qualquer espaço – e mesmo em meio altamente tóxico exerce ele sua força: avatares de organismos básicos proliferam-se por cantos das casas: desenvolve-se o ente de Felise no corpo do Arsênio – o pior veneno e diretamente abaixo do fósforo na tabela periódica: a nova forma de vida encontrada no Lago Mono, na Califórnia, não só encontra no veneno arsênio a maneira de crescer como incorporou-a a seu DNA: pode representar as mesmas funções em um organismo que o carbono ou o hidrogênio ou o nitrogênio ou o oxigênio ou o enxofre ou o fósforo – ou ao mesmo tempo os seis.

De fora: no lago, não se pergunta o organismo silencioso de que forma teria o arsênio se introduzido na estrutura de suas biomoléculas, nem de que forma delas se apoderou – **não, não se pergunta, pois organismos silenciosos sabem: conhecem a comunidade de obras que fazem isso: e mais, bem mais do que isso.**

Imagens acerca da obra, sob o ângulo da homenagem – a obra tornada campo de atração e estímulo de energias, sentidos e forças multiformes; elementos da obra reúnem-se de modo ativo e próprio, abrigando não conteúdos e significados, mas redes econômicas de sinais a reatualizarem as inscrições que foram constituindo a história de sua vida material e de seus meios de subjetivar: ritmos e valores, bem como amplos e diferidos espaços e tempos constituem a obra como corpo, trabalho, arte; condensada e aberta, faz-se a obra no âmbito do que é capaz de formar-se e deformar-se; a homenagem, do ponto de vista formal, não como figura de linguagem (paródia, pastiche ou mesmo apropriação): como recurso não propriamente linguístico, mas como atitude estética, deliberada, de estabelecimento de tipo específico de relação amorosa com as obras exteriores; a homenagem: estratégias discursivas (dentre elas as do emprego daquelas figuras, pois até mesmo a utilização da paródia em texto com caráter de homenagem não modifica necessariamente sua configuração, nem seu propósito de ser, diante do escolhido, um ato de afeto); homenagear, no campo da arte e da literatura tem uma longa tradição no Ocidente, em virtude de apoiar-se no princípio clássico de que as obras que almejam a excelência, para se constituírem, devem contribuir para a contiguidade e a expansão daquelas que já atingiram patamares consensualmente altos, plasmando formas de expressão entendidas como modelares; a homenagem, na perspectiva da tradição – perspectiva que se mantém em certo nível na atualidade –, opera, por efeito de sua natureza, de maneira pedagógica e, ao mesmo tempo, amorosa: aprender com o outro e desse ressaltar qualidades, tornando-as mais visíveis: demonstrar o amor, a amizade – vínculos emocionais e estéticos: admirar e ser leal; aspectos que visam a acolher e a ressaltar as potências das obras não se confundem com a subserviência; a homenagem: maneira altiva de reverência, de reconhecimento de méritos e de natural tendência por difundi-los: a homenagem permite circunscrever um horizonte de valores em que se nomeiam os pares, os interlocutores, sejam eles definidos por evidentes ou desejadas similitudes, sejam marcados por reconhecidas e respeitadas diferenças; assim, ao homenagear, apresenta-se da obra, de forma mais ou menos direta, suas linhas de força, os sinais de suas vontades, o esboço geral para sua própria compreensão; acresce-se a tendência de a homenagem – fora das ritualizações baseadas nas miúdas relações entre vassalos e senhores – ter a aptidão por dar vida: retirar do esquecimento, empreender ressurreições; em períodos históricos, tal comportamento, escritural e plástico, dedicava-se a obras de autores mortos; autores então revividos pela homenagem, restaurando-se assim o poder de sentimentos, de recursos e ideias fortes; no âmbito da literatura feita no Brasil no século XX, a estratégia da homenagem revitalizou-se, especialmente pela poesia modernista: quase todos os poetas consagrados daquele momento utilizaram-se da homenagem, escolhendo não apenas autores, nacionais e estrangeiros, que contribuíram para a formação de uma tradição literária, como também escritores e artistas em geral, seus contemporâneos – por meio da homenagem, reforça-se a noção política de companheirismo; dessa forma, pela ampliação do conjunto de nomes próprios, formou-se o projeto que estabeleceu um novo modo de conceber e de efetuar a poesia moderna no Brasil; inúmeros poemas de Mário de Andrade, Oswald de Andrade, Manuel Bandeira, Carlos Drummond de Andrade e outros como João Cabral de Melo Neto, Haroldo de Campos, Augusto de Campos etc., feitos em homenagem a poetas, obras e artistas de diferentes áreas, servindo-se não só da citação e recriação de textos completos, mas também do gesto mais simples, e igualmente significativo, de convocar o nome próprio de obras e autores para o interior dos poemas ou mesmo para servir de títulos; embora presente, porém em menor escala na prosa, o uso da homenagem reaparece na década de oitenta, devido à retomada dos chamados romances históricos e à considerável produção de biografias menos ou mais literárias; duas outras posturas podem ser consideradas quanto à questão da homenagem, por trazerem para o campo da literatura feita no Brasil um novo elemento de diferenciação modernista por sua especial maneira de lidar com a tradição ao efetivar a homenagem; quanto à poesia, destaca-se a obra de Ana Cristina César, ao recorrer à vastíssima seleta de textos e autores e assim construir sua escritura: uma homenagem às línguas, aos estilos, aos pensamentos de um outro que se vai constituindo, sem nome próprio e na multiplicidade: todas as frases alheias e suas!; homenagem portanto ao plural das manifestações e à riqueza dos criadores, reunidos e transformados; outro recurso à homenagem: aquele que, ao dominar as regras gerais da escrita do homenageado, trazendo os sentimentos que norteiam aquela escrita, expõe a alma de uma escritura diferida e retomada; tal operação, por sua intensidade, faz rangerem as escritas de um e de outro – homenagear e ressuscitar: recria-se o corpo, antes ausente – entra em atividade a mão que teria escrito e faz vibrarem as sensações vividas; homenagem como retorno, como fertilização de espectros: retoma-se a força trágica do elogio como dispositivo estético – o elogio: da Felicidade (Epicuro), da Loucura (Erasmo), do Amor (Godard), da Amizade (Bosco): **amor aos livros, amor à arte, amor à vida – às potências do que se pode construir em sublimidade – obras.**

Construíra o escritor o próprio mosteiro: habitá-lo: tornar-se cada dia mais e mais seletivo: doar: sim apenas àquilo que for da ordem das necessidades: identificar as decisões do corpo e do espírito: na cidade do Rio de Janeiro, a cidade de Santa Teresa: viver ao lado da Igreja da Santa e da Escritora que lhe dá, acima do nome: a configuração: um modo de existência: o amor à mestria: a serenidade: as dádivas da revelação: lapidar-se: entender: transmitir: concentrar-se: elevar-se: e ver o grande mar bem como as florestas e os montes.

Em honra à Santa Madre Teresa de Ávila (Santa Madre Teresa de Jesus), sublinham-se algumas de suas frases, recolhidas da autobiografia, *Livro da Vida*.

Da confiança: 'não sabia cantar direito e, se não tinha estudado o que me encomendavam, sentia-o tanto que, de puro amor-próprio, me perturbava ao extremo e cantava ainda muito pior do que sabia. Não que fizesse falta diante de Deus, pois isto seria virtude, mas por causa das pessoas que me ouviam. Resolvi confessar minha ignorância sempre que não estivesse bem certa. No princípio custava bastante. Depois já o fazia com prazer. Assim, desde que comecei a não me importar de ver percebida minha incapacidade, fiquei cantando muito melhor. Era a falsa honra'.

Do ponto: 'depositar os talentos em terra ingrata não é só escondê-los: é enterrá-los'.

Da sabedoria: 'e para onde ir que não seja retroceder?'

Da investigação: 'não sei bem o que é inteligência, nem em que difere da alma e do espírito: parece-me tudo uma só coisa. Todavia sei que a alma, por vezes, sai de si mesma à maneira de um fogo ardente que cresce com ímpeto, a ponto de lançar labaredas'.

Do interior: 'digo que a imaginação fica escravizada por não poder, por mais que faça, atrair a vontade e o intelecto. Pelo contrário, estes, muitas vezes, sem nenhum trabalho, atraem a fantasia'.

Da faculdade: 'sinto desfazer-se minha alma pelo desejo de estar inteiramente onde está a maior parte de mim mesma. Contudo é impossível – a memória e a imaginação fazem-lhe tal guerra, que não o posso conseguir. Essas duas faculdades, entretanto, mesmo para prejudicar, de nada valem: falta-lhes o concurso das outras, isto é, da vontade e do intelecto. Só conseguem tirar o descanso. Não têm força, nem sabem estar quietas. Como o intelecto não admite essas representações nem pouco nem muito, a memória em nada se detém, vagueia daqui para ali, anda de um lado para outro, semelhante a certas mariposinhas noturnas, importunas e irrequietas. Esta comparação parece-me vir extremamente a propósito! Embora não tenham força para causar algum dano, as tais mariposinhas importunam'.

Do método: 'em tudo há necessidade de experiência e discrição'.

Da certeza: 'a formosura e brancura das mãos divinas excedem tudo quanto podemos conceber'.

Do ângulo: 'a imaginação não poderia apresentar de improviso coisas jamais pensadas ou recordadas, e que, por serem tão sublimes, estão acima do que nos é dado compreender'.

Do conhecimento: 'quando a visão é verdadeira [...] dá saúde e conforto ao próprio corpo'.

Da sentença: 'não somos anjo, temos corpo'.

Refaz-se o que tende a perder-se: o impacto do acontecimento.

Nem mais relato nem mais experiência: língua e sangue.

Mutantes processos: a eroticidade do ocorrido.

Isto não se relata: comunicações com o corpo e com o cerne do isto.

Relata-se o isto: por força da alma manchada.

Rastrear a força dos traumas: sentimento de quem tenha entrado.

Interseções: novos elos para reaproximar distâncias e para afastá-las.

Reconhecer os níveis: a brutalidade do estar vivo.

Orientar-se: esbarrando.

Manter o ethos: o trabalho e a musculatura.

Perder-se: para recuperar-se.

Tornar-se senhor do corpo: em artes para o fabrico da vida.

Arbitragem: silêncio.

Sobriedade: a alma apurando seus transmissores.

(a)------------------------------------Fosse alguém recuperar o movimento da Filosofia no Brasil deveria escolher para tratar de seu começo, não de sua origem, dois nomes: Graciliano e Euclides. O terceiro e o quarto, de um outro lado: Oswald e Mário. E antes, Machado e Vieira – o quinto e o sexto. E bem antes, Clarice e Nelson – o sétimo e o oitavo. A Filosofia no Brasil nunca encontrou outro espaço mais eficaz do que o ficcional: a História também.

(b)------------------------------------Frase final de advertência do *Memorial de Aires*: o resto aparecerá um dia. Para que se movam – como água e sangue – as falhas.

(c)------------------------------------Afirmativas de *Grande sertão: veredas* servem de pistas com funções precisas: desguiar. Peças compõem-nas em estado de jogo: nelas, o aleatório; entretanto, ainda, essências.

(d)------------------------------------'O rio de São Francisco – que de tão grande se comparece – parece é um pau grosso, em pé, enorme': para Riobaldo, que assim finaliza seu relato, em algum lugar deve estar sua decepção erótica e seu conforto social – Diadorim não tem pau! Aquilo falta e pode aparecer em qualquer zona da realidade e da fantasia; afinal o rio está baldo, fêmeo, aberto em vão e em possibilidade de preenchimento. Lógica da fome de Eros: resolve-se, bem ou mal, em deslocamentos, condensações: íntimas sabedorias do que se quer e do que não se encontra.

(e)------------------------------------Em mundos absolutamente sob registro capturar-se-ia o impossível real (personagens assim julgaram em obras Beckett, mordendo com violência carnes).

(f)------------------------------------Os da vossa linhagem, H. Hilst, dizem a paixão, sem medo de que a corda dos afetos roa e com ela a história de orgulhos constituída. Tomam o verbo que não tenha a voz passiva – afirmam o sofrer efeitos do ato, agenciando-os. Reconhecem o que impera ao dominarem-se tanto as tristes quanto as alegres paixões. Vivem de modo tal: à beira (a beleza de quem ali está irradia-se, pois a paisagem). Plasmam cenas de ódio, escárnio, terror, desespero, piedade, esperança, cruezas de nova textura – não se escravizam. Bem claramente esculpem as astúcias da força. Acolhem ser o escravo se necessário para aprender a assenhorar-se. Tomam de um só gole. Abrem a festa. Atigem o suor, a urgência.

(g)-------------------------------------- Vieira, do Sermão do mandato, troca com os pensadores do século xx, cartas sobre as relações entre prazer e processo do conhecimento. Quer ele examinar, separando e misturando, amor e saber. Como premissa inicial, entre os polos, há incompatibilidade: 'usar de razão e amar são duas coisas que não se juntam'. Porém o amor, em Vieira, é duplo e hierarquizado: o verdadeiro e nobre, distinto do falso e vulgar. Vulgar é o amor que mantém correspondência com a percepção ingênua, aquela que tolhe o entendimento: 'tal é o amor vulgar. Tudo conquista o amor quando conquista uma alma; porém o primeiro rendido é o entendimento'. As positividades de longa duração bordam com Vieira as 'mesmas' ideias; não podem coexistir amor e ciência. Assim 'como o primeiro efeito ou a última disposição do amor é cegar o entendimento, daqui vem que isto que vulgarmente se chama amor, tem mais partes de ignorância'. Tomando por empréstimo, por rasura e corte, as reflexões sóciorreligiosas de Vieira, aponta-se um novo termo: o desprazer – o desprazer seria inerente à atividade do conhecimento? Ou a ciência viveria um prazer mais profícuo por não lhe interessar o contato com a superfície, por crer no dentro a que deve sempre visar? Porém, nas voltas, Vieira sabe onde firmar as sentenças: 'o que parece fineza, fundado em ignorância, não é amor; e o que não parece amor, fundado em ciência, é grande fineza'. O prazer sapiente pode vir a se tornar tão excessivamente perverso a ponto de abjurar o jogo do gozo. Ou advir de um penetrar imaginariamente ininterrupto, sob as exigências de uma vontade de encontrar o ponto último a guiá-lo no crédulo mover-se transcendente à procura sem fim. Surfar, afundar.

(h)-----------------------------------O rádio não precisava de nenhum rosto: a escrita vocal construía o corpo, inteiro. Viam--se as bocas com mais ou menos carne. [A pós-perfomance retoma o vetor-efeito-rádio].

(i)-----------------------------------O conceito de repetição em Deleuze atravessa, alterando-se, Vico, Nietzsche, Freud: repetir tem valor plástico e musical: diz respeito à particular e contemporânea concepção de história quase 'contínua', quando referida à história das formas, emergência das forças nos espaços: história em espiral: a cada retorno, diferença.

(j)-------------------------------------Formas relacionam-se à capacidade de as forças organizarem, concretizando-se.

(k)----------------------------------Os modelos primários da força no Ocidente: digital/analógico: Sócrates/Sófocles: Logos/Tragédia: inseparáveis.

(l)-----------------------------------Descreve-se o agônico das forças assinalando o modo de aparição da mais bela – a vital.

(m)-----------------------------------Sobreleva-se tantas vezes a força fraca: monta-se assim a vida diária: que aprende, porém, a dar saltos.

(n)-----------------------------------O retorno pode ser a morte, pode ser a vida – retornos deformam e retificam.

(o)-------------------------------------O repetir auxilia o funcionamento (bom ou mau) da máquina corpórea por meio da persistência da obsessão a gerar riquezas pelo mecânico repor das mesmas matérias.

(p)-----------------------------------Cortes houve na carne dos pequenos conteúdos históricos que não param de voltar: o aconsciente das culturas tem planos e segredos.

'Beijo as espadas do espaço desfeito'. Não vos interessam, Luiza, embora, por vezes, como a humana gente as procurais, as zonas de acolhida. Desenhastes, como nunca antes, uma subjetividade (palavra incerta) apessoalizada – rompe-se a rede a ligar as têmperas do real a seus códigos. Talvez ainda estejamos no amando, daí a desordem, a derrapagem, a curva, os estilhaços (recolham-se alguns, ordenastes). Neste ato, o do eu "beijo", desapareceram ele, ela, eu. Pronomes: como sobras de desejos.

'Posso estar aqui perfeitamente pobre'. As sentenças bíblicas do fim e do restar, Luiza, e do sagrado simples, o quente do despojando-se; na ardência e no choque, o macio – o macio como o daqueles fonemas em (os lábios conduzindo) 'quando amamos'. Portanto, depois do explodir, a espuma fina, o córrego, a boa relva do sono. Você sabe, leitor; sim? Caso não esteja no solo do amando, busque uma lasca do ter estado, poeiras do estará. O plano: o espaço, o poder, o cultivo do raro e do pouco.

'Disse-te eis-me'. Um dedo a apontar para o local de uma suposta unidade secreta que teima em denominar-se de – de eu, talvez eu; se se acredita (para além de a água correr), algo, de ordem imediata, advirá; o dedo que orienta transformar-se-ia em lança, adaga. Que ninguém tenha sido fraco ou desatento, recebendo, sem desviar-se, a força do dêitico. Na frase, Luiza, a história quase completa, um conto brevíssimo, um perigo insinuado. O medo auxiliaria: por conter as agudezas dos inumanos.

'Decepei-te a cabeça de um só golpe'. Já antes, já sempre, o tônus grego, a profética, polida e cortante arma grega. Decepar – verbo com lâmina, prata, luz. Nenhum sangue, Luiza; a cortina cerra-se, a cena é limpa; o grito (havendo), seco. Ali, o fogo, já que atritados os 'me' e 'te'. Cá, o efeito, a rapidez, a piedade crua. O fazer ruir, o mitológico tema da cabeça; com ela, o rosto, o cérebro, o pensar e a hipnose dos afetos cedem. Amor e violência constitutiva: talhados na mesma pedra.

'Em cada braço uma herança de horizonte'. Filmo-vos, Luiza, de mãos dadas com Virginia. A singela portuguesa está com o cabelo escuro ao vento. As duas riem – pela pele. Sabem demasiadamente, não creem em literatura; se falam (não é importante), falam de comidas. Destroem a mulher a que Baudelaire se referira. Virginia e Luiza sopram nomes próprios. Luiza foi sonora ao falar: Roussel. Luiza teria dito a Virginia: isto, Artaud. Caminham, pensam agora sobre seus rios: o Tejo; o Ouse.

'A porta manchou a manhã com o grito de porta'. Algo, servindo-se de seu traço de ser o que é (é-se aquilo e isso e mais), tem saúde. O que é tem força, disse ela, Clarice, em um algum passeio, com as duas, agora a três: 1; 1; 1. Age a força do 1 sobre um outro 1. O 1 múltiplo da porta tinge, afeta, o 1 da manhã, também pule – superfície sobre superfície. A cor da porta, Luiza, ao deparar-se com a manhã não se vê, mas há. É bruta e de impacto firme a manhã, se atingida: nada pode a porta senão reagir.

'Se acredito na tua morte começo o suicídio'. O poder intensivo do 1 sobre o 1 e o verso e o verso e o verso – o condicional no presente. A hipótese na concretude. O 'se' do real, ereto. Sem contorno, sem modalização, sem clemência. Acreditar desencadeia. O primeiro passo, o lento esmagar daquele que (que se encontra conjugando o verbo). Frente à morte de, de 1, preparar a morte de, de 1. Frente à vida de, de 1, ativar a vida de, de 1. Débitos, desgaste e crédito: o preço, Luiza: a necessidade.

'A hora delgada da loucura'. A morte, Luiza: textos vossos envolvem a morte, a dele, a dela, a de todos, a sonhada morte dos dois juntos, o não alcançável desse projeto. A 'tua' morte, meu Deus, não! A morte especial e íntima. Juntos irem tombando, leves, distantes, ainda ardentes. Fuja-se da sentença anterior (ela persegue). Vira a página no pensamento, crê no eterno teu, e no eterno meu – um largo eterno. Põe-te no farto exterior do sentir: sem olhar, move-se o relógio de que se fala acima.

'Este é o tempo todo que me falta e nem é muito'. A dor sinaliza – sem a dor, mais rápido o desvanecer (e não se pode viver sem avisos). A vida quer vida e quer débito; o urgente dever. Dever e comprometer-se; viver, ganhar, pagar, e pedir mais; dar com juros. O suicídio sempre foi a certeza de que vida exige vida, de que vida precisa do espacializar-se. Não se contente com o reduzido espaço. A força da miséria, certo. Miseráveis têm a rua, o mundo. Faltava, Luiza, espaço no lago: a carpa saltou ao jardim.

'Vosso contorno vence o meu poder'. Linhas propõem sobre o plano o desenho, os anagramas dos espaços, e a pintura, se for importante, a pintura a-vir. O vós que sois é espaço. Alarga-se o tu em vossa escrita – um tu tão próximo e difícil. O poder do tu (bastante aqui, bastante agora). O tu, Luiza, é hórmon. Cair vencido, erguer-se vencido, o bom disso. Largar-se na perda: o trauma ensina o uso ágil das outras partes do corpo. A mão esquerda, em trauma: a direita segura possante o grafite: e vós ali.

'O silêncio que circunda a boca de um ser desconhecido'. Não se morre, nos livros de Luiza não se morre – o finito impõe a mudança. A morte adia-se. Compare-se o que se diz àquele silêncio. Contornos, circundar, a zona oval ou redonda das telas de seu parente d'alma, Francis Bacon (sob luz deleuziana). A boca como figura. O grito possível daquelas palavras quietas. No desconhecido, Luiza: a boca, a linha, a volta. Uma nova e rica espécie da palavra em torno, antes pensada por Mallarmé.

'Este ano cresceu de joelhos'. Diz-se em Portugal que dias não são dias; há uma lógica estranha aos do Brasil sendo conduzida no país do poema – a lógica do poema, quem sabe (repetições, testes, procura do exato, até turvar-se, e o arcaico poderoso como esculturas no mar; o mar de Portugal e a História). No Brasil, Luiza: o terreno, o chão, o ir a pé e rapidamente. Crescer assim o ano, meio corpo, o papel dos joelhos; dobrar-se para não ofender a grandeza de Deus. Nos joelhos do tempo: risco e risco, sangue.

'Um corpo rodou no calcanhar'. O corpo em tudo, pois de joelhos orara-se, tem-se orado; de joelhos, entrega-se a promessa, espera-se o retorno da promessa – vive, Luiza, o corpo de suas dobras. O tempo e o corpo (seja como for, crescem e dançam). A longínqua cristandade da frase anterior frente à da carne e à do osso, e à do giro, sob os comandos da embriaguez do mundo; também dor, também risco, porém o prêmio de cobrir limites de grau: os trezentos e sessenta ou mais.

'Todo desvio tem seu preço'. Arte feita de surtantes enunciadores. Não se elogia o desvio, acena-se para seu valor – e suas cobranças. A economia do desvio. Poemas gestam-se de deslizamentos perigosos, derrapagens (ensinam a cair, também, Luiza, dissestes). Não o surreal como julgaram. O real, o real apenas, e onde mais? O real: no solo, na pronúncia. Dedos nas máquinas cedem, nas manuais, nas elétricas, nas sem nome. Ter um preço, sim: ter de pagar, poder comprar, ser comprado.

'Só tinha de humano o ir secando'. Quem quer possuir vossos desvios? Nos poemas, a ciência da moeda – a moeda afetiva (o perder-se levemente, os surtos, os trombos das sensações-esquizo, as labirintites rítmicas, o céu turvando. Sustentemo-nos no cajado. Sois a rainha Lear!). A seca, Luiza, faz a linha, logo o desenho. A linha segue o design; chamaram de destino: secar, reduzir, tornar-se, com um tanto de verbo, elíptico. E tratáveis de um rio: que 'só tinha de humano o ir secando'.

'A ti estendo uma corda'. A linha mais grossa, o cruzar forte das linhas. Podem matar por ora com a corda; podem salvar por ora do abismo. O tu, o eu – a insistência do 2. Entre eles, Luiza, as linhas trançadas, o desenho possível, o destino firme (acolher, desviar). Puxar o 1 que estende o 3, a corda; puxar o 1 que precisa, quem sabe, aceitar o 3, a corda. Desamarrem-se o 1 e o 1, e, assim, o grande amar. Está-se a tentar, não desanimes: entenderás, logo entenderás.

'Vosso contorno vence meu poder'. Paga-se para cumprir; a linha ainda e sempre; a linha segue. A linha vossa, em redor; a potência de um halo no corpo. Provavelmente em instante possa dissolver-se. Se a linha acumula, faz-se a corda (o tecido, a tela). Vistes, Luiza, a sina humana como os raros veem – ah, e o bom de ser comum, pertencer a todos e assim escapar (de números reduzidos e de pertencimentos). Como? O poder é o limite. Diz-se 'nós podemos' e: já, eis o nós no definitivo limite.

'E como fixar nos olhos um peixe para que ele nos queira?'. Não negais, Luiza, a verdade penetrante como uma espada chinesa, a verdade de que se precisa do outro, de algum outro – para sair-se em sonho do aquário secreto, da morte oceânica. Porém ele, o outro, o peixe: desliza, desliza insensível. Sempre parecerá não sensível o suficiente (precisa-se muito, e aquilo desliza): alguma presença não o torna histérico, ele não se agita. Resiste se lhe tentam reter o corpo: sua protetora gosma.

'Porque é preciso ter medo bastante para correr bastante'. O bicho de todos sabe as lições do medo: reconhecer os sons, perceber texturas, acautelar-se, medir o quanto vale seguir ou recuar, proteger a vida, ter cálculos para o avanço; a conquista, o comer. Pernas seguem impulsos. Por medo, ama-se. Por medo, sonha-se. Correr de; por medo, arte – todos atraídos por, e quase não se anda (e temer o bastante para construir a imobilidade). Nas pernas, Luiza: o simples correr para.

'À fêmea esgotada desde o púbis à cor'. Vale, brilha, pesa – o mundo da frase; nenhuma ressurreição pedistes: secar, quase sem gotas: esgotar-se. De ali até o que cobre a terra, o céu, o tecido. O corpo fica, não escapa, não se permite levitar. Insurgir-se; nesse momento, não pode; deixa de ser coisa. A incoisa de um corpo (o corpo, declarastes, Luiza, 'é insurrecto'). Livros dedicados, assim e por dever. Fortes pagam. Pagastes. Dilata-se o espaço: escolhem-se novas paisagens.

'Alguém fez o gesto de querer respirar'. Propõe-se um percurso imaginável (para quem, só para quem). Deixa-se longe a seta principal, seccionam-se solos. Abrir diagramas, retorcer o corpo – perna, braço; a cabeça, o rosto; desgastes de gestos, dispêndios; o número de mililitros necessário, dizei, Luiza, de suores desprendidos face aos comandos de vida. Vossa saia dobrou-se ao vento quando escrevestes o estado daquele alguém. O ato e a vontade. O milagre: o trabalho das naturezas.

'A língua é líquido sacro'. Desvios, e o campo sem vios, retirar os vios – injetar no comum a vianda de deus; bordar o viés, simplesmente cegar; a prata escura da luz dos carvões; ver de certa angulagem. Chamaram de espírito a conduta espiralante. Uma arte de delírios plásticos, a mente e o sono (a macia areia dos distúrbios). Ouvir vozes, o coro em camadas. Umas sobre outras; massas sonoras; apalpastes, Luiza, seres distantes; seres rondam a frase, perguntam quanto custa o sacrifício: sem renúncia.

'O filho que nos habitou já se despediu'. E caminhar, pois cada um sabe algo sobre, por exemplo, o amor. Falastes sobre partidas, ganhos; ristes, Luiza, até o choro (não mais seremos nós; a miséria a enriquecer-nos, levando-nos à orgia). Quem importa. Que outro importa. Importa o outro que se chamaria com lábio meigo de par – nosso par no mundo. O outro não importa, se sua função for dizer a todo tempo para. Pelo cuidadoso sim do outro no nós!, filho ou irmão: tem-se aqui seu perfume.

'Deitado de costas a fumar com o sexo todo'. Lembra-te, amor, do escorregadio corpo do peixe escorregadio. Ele discorre, sem te ver. Não se escuta o peixe. Dele, a turva inteireza. Fixar, fisgar o peixe – por amor, por querer ser amado? Que se alastre nos corpos o querer de quem possa querer. Fumar, escrever, deitar, possuir 'com o sexo todo'. Intensivamente. A entrega sagrada, Luiza: uma religião sem história. Utilize-se o talento. Talento é dinheiro, recurso, o como: dispositivo secreto de força.

'O feto desfez a placenta para dormir em paz'. Tendo a

pergunta tem-se a partida – desfazer, desfazer, ir desfazendo. Da escrita, sobraria mais do que poeira de ouro; volta-se ao seco, ao organizar-se no seco, nenhum balanço constante. Afogam-se os homens lá, antes de saírem, na casa de deus. Dormir e dormir; ser feto é ser vida desejante e demasiada (e não, bem não). O poema, Luiza, segura o cabo com ponta de pelo de marta, toca a tinta, faz um útero, pensa de novo no amor: no amor, no amor.

'Tenho o mênstruo escondido num reduto'. O sangue viável, antes das quedas hormonais, conforme quedas de águas de chuva, daquele rio que vinha lento e, sem perceber, encontra a terra finda – nasce a cachoeira, como derrames, a aorta dilatada, aneurismas da natureza, tudo a derramar-se sem ruir. Cria-se, Luiza, no mênstruo. A terra, a sinfônica. O mundo do sal procura (a outra parte da frase completa-se com 'onde teoricamete chega ao mar'), o oceano, os peixes, grandes barcos: Adamastor.

****

Um pouco de algumas notas sobre a proposta da leitura anterior, crítica sim, em sentido ampliado: em livro oferecido a Jorge Fernandes da Silveira, *Luiza Neto Jorge, códigos de movimento*, apresento ideias e texto gráficos (desenho, intervenções), com vista a construir um livro-de-artista, com empenho por atender a exigências da força-Luiza em sua Obra 'Completa'.

Lá, valho-me do princípio do verso (do avesso) e do verso (do diferido avesso). Com tal, estabeleço uma espécie de adagiário em dobra simples (Adagiário I; Adagiário II), que poderia ser apenas: Adagiário I; Adágiário I. Em dado campo I, o que achamei de: 'O verso, a brancura, a claridade'; em outro campo I: 'O anverso, o grafite, a trama'. O adagiário permitiu-me os cortes de frases de Luiza, que abrem, em negrito, os blocos do conjunto anterior, expostos com suas passagens.

Tomei, pois, partes de enunciados como minimalíssimas próteses para facilitar o fluxo das artérias (stents, pois: stents poéticos, feitos de material ainda não nomeável no campo dos minérios). Por fim, abro novas sequências, como se preciso fosse continuar, até o interromper, o que Luiza chamou de 'ócios interiores', ou, ainda, por com ela supor que: 'todos nós esperamos que ao dobrar a página se leia isto aquilo a emoção de ler'. E, também: 'um dedo que tocou a palavra não a aborda'.

Seguem agora palavras, primeiro, sob o modelo do ensaio-forma (o ensaio na convenção do ensaio). Assim: na letra de Luiza, passados frasais de nobres escrituras portuguesas ressoam; retomam-se cantos camonianos, revertendo-os, infiltrando-lhes máxima luxúria verbal e erótica; poemas seus ativam-nos, preparam-nos para o contato com o corpo ágil da língua; vocábulos e sentenças de ardência e fúria, feitos de exatas lâminas. Textos atingindo-nos diretamente, muito diretamente, e no peito.

Não conhecemos na lírica de língua nossa nada que se assemelhe ao que Luiza traz e porta; cuida não de elaborar uma escrita imediata e razoável de um modo de sentir e perceber, e, sim, a letra que leve até a mão aquilo que se passa no rio do pensamento, lá desaguando volumes de afetos e frases, libertos de elos fáceis. Textos cruzados por sons superpostos, provindos de instrumentos quase sempre antes incompatíveis. Rudeza e engenho no embate de temas. Ideias, estruturas a conduzirem-nos.

A conduzirem-nos ao êxtase, à hipnose, ao bloqueio. E àquele conforto que só se obtém de distúrbios afirmativos. E assim, riso e gozo em constructos estéticos de uma radical esquizografia, parente alegre e trágica, entre nós, no Brasil, só mesmo do Bispo do Rosário. Fazem-se polípticos de frases que se permitem deslocar, e a parte mínima torna-se por si poema pleno, árduo, amplo. Pode-se, portanto, ler em cortes, remontando campos, dedicando-se a um trecho, a uma palavra, a fagulhas discursivas.

Pode-se ir em ribanceira, em queda ou em enlevo orgíacos; dessitiado está o poema; tentamos e tentamos agarrar um naco com delicado fervor. Poemas com engates de poemas, com engates de sonhos e de desejos. Podermos vê-los, como em artes plásticas, por escolhas de detalhes, intervindo. Ressituar o trecho, focando seus terapêuticos stents, a retirar-se, a exemplo, de: 'onde já a minha sombra / é um traço de alarme'. Ou em: 'o feto talvez / desfez a placenta / para dormir em paz'.

Olha o rosto de Luiza nestas imagens de vida, força, esplendor: 'Acontece então / um homem sentir / a água escorrer / dentro do pescoço / e fazer-lhe um nó / como de gravata / que lhe cai bem / nesse fato inútil / vestido à pressa / para ler o jornal / para matar a fêmea / que o recusou'. Ainda em: 'ou apodrece o poema / ou se ateia'. Seus indicadores de tintas e linhas – salivas e suores – guiam-nos a arenas de risco, entusiasmo e sede; teatro de carnal sentir, cursos ofertados a quem almeja arte sem tréguas.

Bravura alucinada de Luiza em radiosos e incisivos livros. Observa-as, em curvas: 'o poema / é um duelo agudíssimo quero eu dizer um dedo / agudíssimo claro / apontado ao coração do homem'. Agora um pouco mais de temas e modos de dizer sobre Luiza, mais colheita, mais procura do admirável, o sem-fim. Adiante, sopros – sinais de inventários possíveis de marcas em poemas seus: substância: medida: química: estado: tamanho: altura: eletricidade: vasto campo de operação.

Sentido livre do correspondente imediato: novo rendimento do detalhe: saber acentuadamente corporal: prática: conceito: confronto e confronto: arte da aventura: observância do afeto: agilidade: máquina de sentença: coisa e fato: inocência arguta: motor a acionar-nos: matéria a exigir que se verifique o conectivo exterior: exame do espaço: placa: memória: tempo: alcance do limite: plugagem receptiva: chip: contágio orgânico: poder explosivo: eco: domínio.

Metástase por alta subjetividade despersonalizante: guerra entre impulso e carne e osso: ressonância: lembrança: arquivo: arquivo: arquivo: teste de constrangimento: regra: ponto e mira: mensagem tópica e arqueológica: sinalizador: acervo: dicionário virtual: verso: senso de justeza: poderosa pragmática: circuito por intermédio da imobilidade gerada pelo claustro e pelo reter: vontade nômade: risco: inevitabilidade: fogo: queda: dano: ser outro pode ser objetivo de toda arte.

Fogo: grande glória por respirar: alma estendida: transcender o mágico e o sacro: a inteligência de um fazer de vida propaga-se, torna-se captável por narinas e poros: força física: um soco: um grito: gera amor: o sublime da imagem: o imperativo do real do sonho: o campo determinante da necessidade: ironia doce sobre o banal: **arte da performance: dissolvem-se tapumes contra o pulsar: a inteligência de um fazer de vida propaga-se e se torna captável por narinas. Ardor.**

Coube, para expor, período tornado curto, embora – assinale-se – o enorme gosto existente de realizar o-que-deve-ser-no-ato-de-seu-possível. Há delícias naquilo que se elabora por se estar no esforço de braços com o relógio, com a temível e nua sabedoria dos ponteiros. Tal – em relevo e em grande efusão – interessa para alargar forças. Do mesmo modo, ser o último, o ponto supostamente finalizante do anel, lança a arte de girar, fazer-se o torno, curvar o tópico anunciado para que mais ainda diretamente se ligue às modalidades de circunscrever as amplas ideias sobre Cultura. Ou seja, sobre o que se define por essa matéria, vocábulo ou fórmula para firmar e reafirmar entendimentos antigos, históricos e constantes no mundo dito mundo nosso. À sala, pois, *o isso – o outro*. *Aquele* que – dizem – faz alguém ingressar *naquela*: na orla da Cultura. Este, *o outro*, monta sua história desde antes do que se postulou chamar de filosofia, ultrapassa-a e segue sob mutações. A complexidade radical dessa figura está presente em todos e, visivelmente, em artistas e pensadores de vária espécie. Nos mais e nos menos poderosos em seu âmbito. Em nenhum – talvez possa ser afirmado – *o outro* esteve (a questão, a sombra, o efeito, a carne, o espectro de *o outro*) jamais ausente. Em cada um pôs-se – *o outro* – a escrever.

Nunca cessando de exigir que fosse também ele – *o outro* – predominantemente escrito, grafado: em todos, seu estilete. As especulações sobre *o outro*, *o-este-a-conhecer* (*a-comentar*, *a-ser-desfeito*), acentuam que, para se refletir, no Ocidente, um dos mais efetivos fatores estará sintetizado em sua disposição orgânica, obediente à lógica, tão econômica quanto sutil, dos modelos analógicos processados por meio da relação entre os improváveis diferidos *o mesmo* e *o outro*. Quanto aos exames do intercâmbio das referidas entidades constituintes e formadoras do sistema de sinais da vida mental (cultura e subjetivação), deve-se sublinhar, embora de maneira insuficiente e ligeira, um contundente aspecto diferenciador, isto é, o de não mais observá-las como pertencentes à convenção de alguma disciplina em particular e sim aos domínios diversos de fazer-se o pensamento. Este desenvolve-se por intermédio de infinidades de agentes em diálogo, pois – conforme compreensão pragmática – sentidos transitam, marcam lugares, seres, circunstâncias, processos. E, assim, produzem-se valores, conceitos, imagens, perspectivas. E orientações. As práticas de pensamento operam destinadas a dar, ao pensado, formas. Ora mais sólidas, ora mais fluidas. Capazes, entretanto, de manter pulsante um de seus mais almejados objetivos: o de sustentar (eis o foco posto para que se ilumine e se estenda o exame de *o outro* em sua atravessada presença quando na observância dos modos de emergência da Cultura) o Cérebro, o *Cérebro-Ocidente*. A análise de tal orgânica maquinaria envolve atravessar redes, uma vez que o *Cérebro-Ocidente* não pode ser confundido, em sua materialidade e expressão, com, simplesmente, aquilo que se tem chamado de metafísica ocidental, nem com a ideia genérica de metafísica como a filosofia do Ocidente (esta é apenas um dos alimentos com que o *Cérebro* se nutre). E sim tomá-lo segundo a proposição de que se encontra em funcionamento, há grande tempo, com seus mecanismos e dados organizadores, um *Cérebro* que pode ser descrito ao modo como hoje procura fazer parte das ciências biológicas, nelas inclusos campos da neurociência, envolvendo pesquisas cognitivas e hipóteses sobre reinscrições de enunciados das culturas na ordem das cadeias celulares. Mecanismos esses predominantemente neuronais, móveis em seus fluxos transmissores e na produção de sensos transpostos por dispositivos físico-químicos. Marcas linguísticas e mecânicas a distribuírem – e a fixarem – *substâncias qualificáveis*. Esquemas, portanto, de certa maneira primários, se observado seu teor altíssimo de rentabilidade, tornam-se capazes de gerar, e de impedir, multiplicidades de conhecimentos, inteligências, percepções, estados. Isso, acionando controles básicos, repetitivos e programados. Apresentar o *Cérebro*, em termos gerais, impõe, sem dúvida, que se convoque e se decomponha e se analise a tradição do Pensar por ele produzido, lembrando ser este, por sua vez, simultaneamente também por aquela tradição estruturado. Ao se indicarem os polos *mesmo/outro* do *Cérebro*, revela-se uma de suas condutas criadoras mais comuns: a utilização de sensores contrapostos, abrindo-se em sequências de reconhecimentos opositivos. Esse mesmo Cérebro possui recursos regenerantes, gamas de medições que permitem complexizar as dualidades, ativando-as, de modo a ampliar, misturar, aproximar, contradizer. E, sempre que necessário, rever a si mesmo, readaptando-se, ou seja, retraduzindo constantemente seus constructos cognitivos e emocionais. O princípio a reger o *Cérebro* para ele poder manter-se em pleno funcionamento é o da própria natureza: todo organismo tende a afirmar a única pulsão existente, a de vida. Nesse horizonte, as forças movem-se em direção à vida – *vida quer vida*. Assim, um cérebro particular qualquer, no Ocidente (um cérebro, qual uma '*parole*' a manifestar uma das possibilidades da '*langue*' *Cérebro-Ocidente*), visa a sempre dar sustento a seu sistema vital. Cada cérebro consiste na manifestação singular e constante de o *Cérebro* – no caso, o *Cérebro-Ocidente* –, há tempos construído e em contínua manutenção. E será em seus domínios e com seus materiais e instrumentos que a maioria das grandes obras (bem como das pequenas) se faz. As grandes retomam-no, desafiam-no. Refazem-no; as pequenas reafirmam-no a seu modo e com imensa insistência trabalham para mantê-lo inalterado. O *Cérebro-Ocidente* chega a pontos bem altos conforme demonstram seus fazeres e postulados. Daí pertencerem certos inventos culturais (expostos em atitudes, trabalhos e sentimentos) à história de longa duração. Graças, pois, à firmeza de seus comandos (histórico-químicos) e de seus diversos meios de graduar as necessárias e imperceptíveis variações de *o mesmo* para assim *mesmificar-se* – sempre com o fim de que o *Cérebro-Ocidente* esteja em vigor. Cabe, para tanto – eis as obras ocidentais –, não apagar a potência dos conteúdos e dos enunciados feitos pelo *Cérebro* e nele próprio arquivados sob estoques sempre disponíveis para, velozes, agirem diante de qualquer ameaça à garantia de sua vitalidade, de sua permanência. Obras e seres dedicam-se a. Sois, neste mapa a descrever-se, representantes, aliados, servos e, sob algum ângulo, senhores do *Cérebro-Ocidente*. Vale remeter, como parêntese especulativo, às históricas *Torres Gêmeas*: face à sua queda, o *Cérebro-Ocidente*, o coração do *Cérebro* (o espaço político-econômico-geográfico em que elas se ergueram) reage. Reage brutal e energicamente. Nelas, o *Cérebro* (eixo do sistema nervoso central) tem sua figuração exemplar: o duplo, a altura, o império. Ao tombar, *estremece-se* todo o *Cérebro*. Como se – olhando-se o termo não da perspectiva freudiana, mas do ponto de vista ortopédico – aquilo que ocorrera se pudesse traduzir em o *trauma*. E essa... contusão gerará respostas. Violentas, desesperadas. E urgentes, em virtude de o *Cérebro* impor equilibrar-se rapidamente, para reduzir o pânico por sentir-se acuado diante do ter de aceitar a ideia e a corporeidade da existência de um *outro, o outro Cérebro: o-outro-de-aquele*. Não sem motivo, qual todas as coisas com vida, o *Cérebro* demonstra seu querer, o *Cérebro* quer – (o querer) viver. A qualquer preço, alterando funcionamentos, regras, valores. Devorando, se preciso. *O outro* também quer. Quer viver. Que se convoquem para observação e confronto o *Cérebro-Oriente*: *Cérebro* contra *Cérebro*. A História faz-se em lutas de *Cérebros*. Não se trata de metáfora, e sim de sistemas neuroculturais: células, impulsos, forças imperativas e ordens a transformar em substâncias químicas a enorme incidência das *frases das culturas* (estados, direções, condutas, interesses, ideologias). Na discussão das necessidades do *Cérebro*, importa acompanhar em minúcia os recursos para transformação de linguagens sociais em linguagens orgânicas. Em cérebros, cérebros de cada um, cérebros eles mesmos, dá-se o trabalho ininterrupto de externar as sentenças do *Cérebro-Ocidente*. Eis então o fato de ter-se utilizado, como título, uma frase pertencente a certa disposição discursiva já constituinte do *Cérebro*. Frase notável, geralmente aceita e compartilhada: trata-se da fabulação reflexiva sartriana no intuito de fincar o consenso de um sentido, em sua força na mente, considerando-se *o outro* como *o inferno* – *o inferno, o outro*. E assim, de fato, a prática diária entenderá *o aquele*, à nossa face, via uma presença infernal: o seu *não* (não faça, não diga, não...). A constante negativa (inclusa no *sim*, por tiranias) ressalta e reforça seu poder – além de germinante – impeditivo. Até no que concede, os seres dramáticos de Sartre, na clausura, fechados, indicam isso. Lá, em sua inteligência, permitem visualizar a possibilidade de, seja como for, não haver *o outro*. Senão pelo mesmo ilusionismo das quatro paredes cênicas. Lá, nessa fresta de leitura do *Cérebro*, mostra-se também a realidade risonha de *o outro ser o outro de o outro de o outro*; todos: *outros*, *outros* desdobrados. Não existindo, tampouco, *o mesmo-em-si*. *O outro* é a espiral de *o outro*, podendo-se inverter as pontas da fórmula. Não há *o outro* nele próprio, deve-se reconhecer para que se obtenha uma provisória estabilidade: conhecimentos de códigos estáveis são exigidos pela vontade de vida, a comportar a hora saudável do repouso, obrigatório a qualquer existência. O suposto *mesmo* revela-se sendo de *o outro o outro*. Percebe-se em *aquele quase-não-ser*, *aquele* que até então julgava-se lhe dando um nome que 'pudesse' tranquilizar a estranheza. Os sistemas funcionais e lógicos do cérebro particular, como os do *Cérebro-Ocidente*, assim o fazem. Encontram-se permanentemente apalpando, querendo entender o mundo. Que, sem domínio, abrigará sufocantes fantasmagorias. A vida subjetiva e a social realizam embates entre: idealizar e desidealizar. *O outro*, se dominante, tende a abrir espaços escuros para o surgimento de fantasmas. Fantasmas que – fora de controle – poderão crescer a ponto de levar a rupturas, a cisões, a cortes absolutos dos processos históricos e de subjetivação. Distúrbios são também potências integrantes. Porém tudo reabsorve o *Cérebro*, gerando não só matérias sociais como também, por vezes, respostas estésicas. Desordens (e palavras afins) devem ser entendidas distantes do senso comum, para reduzir o terror que ronda os cérebros da ameaça do patológico: a doença, o terrível *outro*. Curvas (da mente, da história) devem ser vistas sob ângulos das aritméticas: somas; multiplicidades. Operações numéricas. Que ocorra menos medicina no olhar (como normas, rótulo, protocolo) e mais matemática. Geometrias, espacialidades improváveis, aberturas; álgebras, expressões. Os cérebros dessas forças espaciais irrigados conseguem estabelecer elos entre os partidos *esse* e *aquele*. Nos casos ainda chamados clínicos, revelam-se os desenhos sociomentais, sociobiológicos, que se estruturam em torno de arcaicas convicções subservientes e auxiliares à proliferação de fantasmas. O fantasma – seriíssimo –, *o outro* a adentrar-se no corpo, a alojar-se no cérebro, a habitar a vivência da máquina dita *eu*. Dela alimenta-se; por ela manifesta-se. Distinta natureza de Clínica afirmará: que o fantasma ri, que se pode rir do fantasma, que existem plurais direcionamentos para a vida. Nela a farta adubagem para ações criadoras. De *o outro* que se retire a regência. E só assim, para expandir a luminosa palavra de Sartre, destaque-se que ao formulá-la, ela, parcialmente, convém à enorme ocidental inteligência (em sua beleza contundente, seu impacto não para de cessar) e alimenta o *Cérebro*, considerando *o outro* sob a égide de uma radical importância. Daí dar-lhe o sublime nome de *Inferno*. Sublime e enobrecedor: o *outro*, contudo, não merece. O *Inferno* de Sartre remete ao de Dante. Portanto, o termo – *Inferno* – não reduz ou submete *o outro*, como parece. Ao contrário, eleva-o a um estatuto extremo; oferece um nível de grandeza e de potência a que *o outro, o outro* emparedante, não faz jus. Para que cérebros possam espalhar-se e crescer de maneira mais livre, *o outro* há de ser visto tão só como um dos componentes da partida, disponível à dança, um entre muitos no jogo, convocado por sua capacidade de estímulo, por suas virtudes de par. Que se construam novos lugares de entendimento, para que se desfaça o estatuto de elevação e de importância de *o outro*. *Sequer inferno, o outro* propõe simplesmente retirá-lo da proximidade semântica com o magnífico ambiente – o Inferno: o outro não é sequer tal. Não tem a altura para a seção mais bela de *A divina comédia*, uma das mais radiantes encenações críticas do Cérebro (dela, este também se vale, e precisa). Logo, *o outro* não deverá altear-se à esplendorosa arte de criar o belo e a crueza. Não pode receber nem esse sítio nem esses sinais. É necessário atingir, ferindo a imobilidade provocada por *o outro* no patamar comum do Cérebro-Ocidente. Logo, *o outro*, nesta tese aqui a mover-se, terá de ser posto como um dos pontos a compor simplesmente a disposição lúdica da Política: *o outro* podendo ser mirado e descrito segundo os campos que ocupar, sendo bem medidas as distâncias e as relações – como e sob que cálculos o *eu* age frente a o *ele*, e a *o outro*. Isso, para que não venha a ser *o outro*, sob qualquer hipótese, o Inferno. Excessivo valor a *o ele*, a *o outro*. Ultrapassá-lo, considerando-se todas as vontades e energias de um diferido *cérebro-a-fazer-*

se, compreendendo-se o tabuleiro em que se encontram as variedades de *outros* e *outros* e *outros* e *outros*. Fazê-los brincar. Assim, a proposição: tornarem-se, todos, *outríssimos*. Superando, já que aquilatados, dominâncias. Tão apenas: *outros*, ali, colocados na feitura do múltiplo. Artes fortes criam com a massa tanto de *aquele outro*, quanto de *esses outros*. A mencionar, situa-se um artista extremo: Platão. E para avançar nesse esforço de reinventar a alteridade, dois: Espinosa, Nietzsche – o arco dos afetos, da diferença, o braço a braço, o cumprimento, o distinguir. O par diferido. O ímpar. Trabalhos para emergências de *o outro outro*. **Um *outro outro* que, ao invés de bloqueios, abre-se à construção do vigor, do riso, da aberta serenidade, da vida mais. Vida Mais. Mais Vida Mais.**

POSFÁCIO

por *Luiz Guilherme Barbosa*

Fosse cada instante passível de registro em superfície lisa como papel, fosse possível decompor o acontecimento em instantes, arrumá-los todos em sequência e uni-los pelo modo com que nos aparecem simultâneo, numa lombada, então o livro seria o corpo próprio do tempo a aparecer como imagem daquilo que nos imagina, o tempo. Não o cinema, que nos devolve a (ilusão da) duração em ritmo contínuo, exigindo acompanhar o movimento das imagens independente do meu corpo, mas o livro, que, a se abrir, página a página atravessa o corpo leitor, que habita, nômade na página, a incessante sucessão de espaços (as páginas) a constituir o chamado tempo (o livro).

Mas não é bem assim: quando assinado Roberto Corrêa dos Santos, o livro é um corpo impróprio do tempo. Maior por dentro que por fora, é uma curvatura do espaço, o livro, a dobrá-lo, a dobrá-lo. Não há tempo, não há tempo a perder: o livro curva o chão do espaço e *ensina a cair*, agora. Por isso, não é caminhando de costas, com o corpo voltado para trás, que escreve Roberto Corrêa. O seu modo de encarar a tradição é outro; não mirar as obras, mas, ora atravessando, ora esbarrando nos nomes próprios que as engendram, trabalhar a filologia de algum texto por vir. Ele,

Roberto (doravante RCS), escreve para frente, olhar fixo na escuridão, e em tudo o que ela implica de desejo e perversão: luxo, luxúria. O seu futuro é um que nunca deixa de ouvir a fantasmagoria sonora da palavra *futuro* com as suas vogais de timbre mais escuro e as suas sílabas do mais claro corte.

A pesquisa, portanto, é afirmativamente fantasmática. Das forças motoras, uma propulsora é a que decorre do caráter intransmissível do fantasma: em RCS, a ampliação dos mecanismos transmissores da pesquisa é condição para que a pesquisa surta efeito. São os novos espaços ocupados pela pesquisa que, como raios expandidos de uma perturbação na superfície da água, interferem no campo de atuação do outro e efetuam a própria ampliação de espaço de que o livro é imagem.

Sem abrir mão da língua como matéria de composição dos livros, a obra RCS põe-se em repetida relação com zonas de extrapolação linguística; em obra de pesquisa e de experimentação, este relacionamento produz uma torção da língua nos textos, estilo bem marcado, cujo efeito é o de uma densidade plástica para o pensamento. Ora, os acoplamentos duplos atravessam títulos e subtítulos dessa obra: *estética e semiologia* (1998), *matéria e crítica* (2002), *arte e transmitância* (2008); neles, o primeiro termo, se lido não como objeto da pesquisa, mas como campo de experimentação da escrita, amplia os materiais do ensaio, que passa, do campo literário ao artístico, a lidar com uma autônoma dimensão plástica da escrita, em alguma medida antecessora dos significados do que se escreve. O ensaio de RCS ocupa intervalos – o que abre futuros: e, e, e.

É plasticidade o trato com os demônios analógicos presentes desde o título do livro e surpreendentes inúmeras vezes ao longo: *vê-se haver vida forte nas frases sem freios*, lê-se logo mais. Mas não apenas. O significante comparece ampliado – trabalho no escuro – em escolhas verbais que inserem na gramática do estilo o corpo e o pensamento, de distintas maneiras. Seja pela insistência aos verbos na forma infinitiva ou nas formas nominais de maneira geral, seja pelo aproveitamento dos pronomes de gênero neutro (*isto, aquilo, alguém*), as marcas do neutro e do impessoal se disseminam como categorias que gramaticalizam – injetam na estrutura da língua – o mecanismo do pensamento (o neutro, o impessoal) nomeado RCS. Seja pelas inversões sintáticas (*encontra-se alguém debruçando-se, em lugares muitos repetem-se*), seja por construções que performatizam a língua escrita (*obras de escrita sim de escrita*), algumas repetições maníacas remetem à circulação de um corpo na escrita, que, em um passo do livro, se diz *língua e sangue*.

Sem mais nem más ilusões deste corpo a se escrever, é espectral sua imagem: o corpo, em ausência, provoca a linguagem do livro a *apontar*, pelos pronomes tão espalhados, aquilo que se diz. São *Esses aparelhos de arte*, são *Aqueles pós de grafites*, é, por fim, o *poema-isto-arte* que, entre duas derivas conceituais algo estabelecidas – poema e arte –, precisa guardar força na pura nomeação indicial do existir da coisa, o seu haver, ou, como já escreveu RCS, o seu *il y a*, o seu *it is*. A dêixis linguística – este apontamento pronominal, *isto* – funciona como um limite da nomeação, com a categoria pronominal a preservar um caráter de nome ao mesmo tempo em que é atravessada por uma recusa de a palavra guardar em si o significado nomeado. O que se inscreve aí é a força plástica do referente, cujos apontamentos (*esses, aqueles, isto*) antecedem ou excedem as nomeações conceituais. Amplia-se o campo teórico pela transformação do estatuto de sua linguagem, de nominal a pronominal.

Uma brutalidade da nomeação: em prol do pronome, antecipa-se o ato de nomear à necessidade de semantizar o nome. Como os nomes próprios, os pronomes colam-se à determinada coisa nomeada provisoriamente, enquanto durar o ato de fala que institui a cola. Às vezes, no entanto, a força dos atos mantém nomes próprios colados a processos artísticos por longo tempo. É quando escrever os nomes próprios dos outros, como faz RCS com tantos e tão escolhidos neste livro, é um modo de pronominalizar a linguagem, fazê-la ocupar o lugar de um nome, com a terrível recusa em nomear mais que pelo ato de nomear, dando à linguagem o aspecto de nome próprio. Algo parecido acontece aos *objetos-arte: Arte ganha quando explode ou arde. Ou recusa-se.* Ou aos *poemas-isto-arte,* em seu gesto: *justo acerto entre aquilo que se passa no campo da racionalidade das emoções e as peças sígnicas, plásticas, sonoras: suprassegmentais.*

Projeto de violência detectado em arte e requerido para o ensaio desde a primeira frase do primeiro livro de RCS, *Clarice Lispector* (1986), para o qual a interpretação *visa não a ordenar as significações e sim a fazê-las explodir.* Sem passar ileso pelos espocares da explosão, os materiais do ensaio – *as peças sígnicas, plásticas, sonoras* –, os mesmos dos poemas, superpõem-se (são suprassegmentos) aos conceitos, à racionalidade das emoções, como vestes através das quais se revela (ao esconder) o corpo invisível dos fantasmas. Tal revelação por ocultamento – e tudo o que ela implica no trato com a linguagem do ensaio – marca a obra RCS em lugar único na crítica brasileira, por assumir-se em experimentação e injetar no ensaio forças próprias de zonas de extrapolação linguística. Parece que o privilégio destas forças em RCS guarda um desejo de intervenção no estado de forças da chamada cultura brasileira no sentido de curvá-la o mais possível em direção à recente e saudável fundação da contemporaneidade plástica brasileira, que se dá na segunda metade do último século. Um valor de saúde – de propulsão da linguagem da cultura – move-o.

São 21 as peças que compõem o livro, entre as que

visitam exposições – há oito visitas – e leem um livro ou um nome próprio escolhido – há cinco leituras –, e as que transitam em teoria – do poema, da arte, da homenagem, do método, da cultura ocidental: oito ao todo. O conjunto faz circularem as forças da linguagem de Roberto, que, em seus mecanismos próprios de expansão, encontra na arte o lugar para fazer do livro, e de sua escrita, um trabalho de multiplicação literal (em todos os sentidos) de espaços. Brutalidade da nomeação, a começar pelo título soturno, que encontra na negra mancha gráfica da página o lugar da fabricação de um futuro – tanto mais pelo negrito que encerra, em negro mais denso, cada peça, e pelos espaços em branco entre os parágrafos, em bloco, a ressaltar o contraste entre o preto e o branco.

As recusas que constituem este livro, em deriva para, por fim, a recusa ao tempo – que se compreende em RCS como sucessão incessante de espaços –, parecem mover-se pela experiência atual, e somente atual de que, haja o que houver, seja onde, seja quando for, a vida não passa. A vida não passa. Como tempo paralisado, esta a experiência que se faz do espaço, e de sua vertigem. A vida não passa, sempre agora. O espaço e sua vertigem: o futuro é a vertigem do espaço. No escuro de sua paisagem, ar para você. Um sopro de criação sem magias (novos mundos não serão inventados), sem venenos (nem destruídos), mundo algum entre nós, apenas a voz, que não temos.

Este livro foi composto pela gráfica Imprinta Express em papel pólen bold 90g,
com a fonte Adobe Jenson Pro em agosto de 2011.

"Que este livro dure até antes do fim do mundo"